*Lumbye-
katalog*

Danish Humanist Texts and Studies

Volume 10

Edited by Erland Kolding Nielsen

THE ROYAL LIBRARY · COPENHAGEN

Dan Fog

Lumbye-katalog

Fortegnelse over
H. C. Lumbyes
trykte kompositioner

*Verzeichnis der
gedruckten Kompositionen von
H. C. Lumbye
(1810-1874)*

DET KONGELIGE BIBLIOTEK
MUSEUM TUSCULANUMS FORLAG
1995

Lumbye-Katalog
© Museum Tusculanums Forlag, Det kongelige Bibliotek og Dan Fog 1995
Oversættelse til tysk: Georg Albrecht Mai
Forlagsredaktion: Marianne Alenius
Bogen er sat med Times og trykt på 100 gr. Munken Golden Offset
∞ Papiret overholder de i ISO 9706: 1994 fastsatte krav til langtidsholdbart papir
Trykt hos Fihl-Jensens Bogtrykkeri/Offset, Frederiksberg
ISBN 87 7289 297 8
ISSN 0105 8746

Udgivet med støtte fra
Den Hielmstierne-Rosencroneske Stiftelse
Statens Humanistiske Forskningsråd

Forsideillustration:
Foto af H.C. Lumbye fra G. Rosenkildes Atelier, ca. 1870
Det kongelige Bibliotek, Billedsamlingen

Bagsideillustration:
Foto af Tivolis Koncertsal med H.C. Lumbyes orkester, Budtz Müller & Co. Foto, ca. 1865
Det kongelige Bibliotek, Billedsamlingen

Museum Tusculanums Forlag
Njalsgade 92
DK-2300 København S

Indhold

Forord – Vorwort	7
Forlagsoversigter:	
Breitkopf & Härtel	11
C. Plenge – Chr. E. Horneman	12
Joh. Aug. Böhme	14
Datering – Zur Datierung	16
Litteratur	16
Forkortelser – Abkürzungen	16
Katalog nr. 1001 – 1444	18
Skjernes kompositionsliste	126
Udvalgte Dandse for een Violin	150
Danse-indeks:	
Ballet	153
Fantasi	153
Galop	153
Kvadrille	155
Lette Danse	156
Marsch	156
Polka	156
Polka Mazurka	158
Vals	159
Titler og tekstbegyndelser	161
Personnavne	172
Stednavne	174

Forord

Denne katalog er et forsøg på at skaffe et overblik over Lumbyes omfattende produktion. Den registrerer kun trykte udgaver, og i hovedsagen med klaverudgaverne som det centrale. Som musikdirektør havde Lumbye rig anledning til at opføre sine værker, dels i Tivoli, dels på koncerter og turnéer. Men de trykte udgaver spillede en afgørende rolle for værkernes udbredelse, og samtidig var de en indtægtskilde. Opførelsesafgifter var jo endnu et ganske ukendt begreb. Udgivelserne skulle sælges, og derigennem er de bevaret og almindeligt tilgængelige.

Katalogen er opstillet kronologisk efter udgivelsesår. Der anføres for hvert værk efter et løbenummer en kort titel og i højre margin udgivelsesåret. Løbenumrene er fircifrede, de begynder med 1001. Dette skyldes, at forlagene Breitkopf & Härtel, Plenge og Horneman har egne nummerrækker, som man finder henvisning til. – Orig: originaludgaven beskrives udførligt, derpå følger TO: titeloplag, almindeligvis trykt med de originale plader, Par: paralleludgaver af anden nationalitet, Var: varianter, bearbejdelser etc. – Udgaverne er – hvis ikke andet er anført – for klaver solo. De talrige kompositioner, der fremkom i periodica som Musikalsk Museum, Musikalske Nyheder etc., blev normalt samtidig udsendt som separattryk. – Et betydeligt antal af titeloplag og arrangementer er udeladt.

Under udgivelsesåret henvises der til almindeligt udbredte Lumbye-samlinger for klaver:

A: Udvalgte Kompositioner, 2 bind   Horneman 1874, cf. nr. 1426

B: Lumbye-album 1-10   Wilh. Hansen 1884, -- --   1427

C: Folkeudgave, 2 bind   Wilh. Hansen 1893, -- --   1428
samt

V: Udvalgte Danse for Een Violin,
hefte 1-31   C. C. Lose & Olsen/Wilh. Hansen 1838-1872,
– cf. side 150.

Forlagene: Lumbye var i vidt omfang sin egen forlægger. I store træk udkom udgaverne således:
1837-1845 på eget forlag og i samarbejde med C. C. Lose & Olsen.
1846-1855 er der to hovedforlag: Horneman & Erslev og Breitkopf & Härtel.

Horneman & Erslev begyndte som musikforlag i 1846 under ledelse af komponisten Emil Horneman. En del af Lumbyes sager udkom på dette forlag.

Breitkopf & Härtel i Leipzig indgik i 1845 aftale med Lumbye om udgivelser. For komponisten var det vigtigt at få dansene udgivet på dette verdensomspændende forlag. Men efterhånden blev produktionstiden ham for lang, det var jo nyheder, aktuelle danse. Breitkopf & Härtel udgav en række af 141 danse af Lumbye. Det startede stort anlagt.

Nr. 1-25 udkom for klaver 2hd, klaver 4hd og orkester
Nr. 26-65 udkom for klaver 2hd, klaver 4 hd
Nr. 66-141 udkom for klaver 2hd
Oversigt over disse udgaver findes side 11.

I denne periode kom en del værker i paralleludgaver hos Horneman & Erslev og Breitkopf & Härtel. – Samarbejdet ophørte 1855, og Lumbye blev atter sin egen forlægger.

1856-1860 står der på udgaverne: Kjøbenhavn, i C. Plenges Musikhandel. Det var altså ikke Plenges ejendom, men han stod for salget. Med Lumbyes tilknytning til Chr. E. Horneman overgik denne række dertil, se s. 12f. I starten udkom ti danse i paralleludgave hos Böhme i Hamborg, de fik numrene 142-151 i fortsættelse af Breitkopf & Härtels numre.

1861-1874 er det Chr. E. Hornemans Forlag. – I 1859 måtte Emil Horneman forlade Horneman & Erslev. Derpå startede hans søn C. F. E. Horneman sit musikforlag Chr. E. Hornemans Forlag, som blev bestyret af faderen. En grundpille i forlaget blev musikbladet Musikalske Nyheder, som fra begyndelsen blev redigeret af Lumbye og Emil Horneman. Bladet blev en succes, og heri publicerede Lumbye sine værker gennem 14 år. Emil Horneman døde 1870 og Lumbye 1874. Dette førte til, at Chr. E. Hornemans Forlag i 1875 blev solgt til Wilhelm Hansen, – som i 1879 også købte både C. C. Lose og Horneman & Erslev. Herefter var det de Hansenske udgaver - i titeloplag -, der stod til publikums rådighed.

Grundlaget for denne katalog er den udførlige værkfortegnelse i G. Skjerne: H. C. Lumbye og hans Samtid, 2. udg. Kbh. 1946. Skjernes fortjenstfulde fortegnelse over Lumbyes kompositioner – også de utrykte – rummer en rigdom af detailoplysninger. Den er derfor gengivet her på s. 126ff med henvisning til løbenumrene i katalogen.

Fortegnelsen er suppleret med egne samlinger, som nu findes i Det kgl. Bibliotek. Desuden er en lang række kataloger og fortegnelser gennemgået. Katalogen er ikke udtømmende, f.eks. hensyn til talløse eftertryk og bearbejdelser, men den kan forhåbentlig være nyttig for videre arbejder. Lumbyes danse lever i vidt omfang, det samme gælder nogle af hans øvrige værker, ikke mindst dem, han komponerede sammen med Aug. Bournonville.

Under udarbejdelsen har jeg fået oplysninger og hjælp fra Det kgl. Bibliotek og Statsbiblioteket samt fra The British Library, Tivoli og Danmarks Radio, jeg skylder dem alle tak for værdifuld bistand. For praktisk hjælp takker jeg Erling Thorborg og ikke mindst min kone Lene Fog. De har begge med tålmodighed og påpasselighed været med til at bringe orden i dette lidt uoverskuelige materiale.

Vorwort
HANS CHR. LUMBYE
(1810 - 1874)

Die musikalische Laufbahn betrat er schon als 14jähriger Knabe, in Odense wurde er bei der Militärmusik als Trompeterelève angenommen, ab 1829 war seine Dienststelle Kopenhagen, wo er seine musikalische Ausbildung auch im Dienste des Stadtmusikanten C. G. Füssel weiter entwickelte. Im Jahre 1839 konzertierte in Kopenhagen ein österreichisches Ensemble mit Werken von Strauß und Lanner, und diese neue Musik fesselte den jungen Lumbye. Schon 1840 begründete er ein eigenes Orchester und gab Konzerte "à la Strauß".

Entscheidend für sein Leben wurde die Eröffnung des Kopenhagener Tivoli am 15. August 1843. Lumbye wurde dort sofort Musikdirektor, und diese Stellung behielt er bis 1872. Neben Konzertreisen ins Ausland widmete er sich im Sommer dem Konzertleben im Tivoli, wo er oft als Stehgeiger dirigierte, und er begründete die reiche Musiktradition im Tivoli, die neben der Tanz- und Unterhaltungsmusik auch Symphoniekonzerte umfaßte. Im Winter konzertierte er fleißig anderswo mit seinem Orchester, das sich zu einer wertvollen Institution entwickelte. Dies ist noch heute so.

Seine Kompositionen umfassen zahlreiche Tänze, die international beliebt wurden. Eine langjährige Verbindung pflegte er zu Breitkopf & Härtel in Leipzig, der Verlag veröffentlichte gegen die 150 Werke von ihm, und man nannte ihn den"nordischen Strauß". Eine besondere Bedeutung erhielt er durch die Zusammenarbeit mit dem Ballettmeister August Bournonville, der Lumbyes Musik schätzte und verwertete. Dadurch ist er im Ballett-Repertoire des Königlichen Theaters mit Gewicht vertreten. Auch für andere Kopenhagener Bühnen komponierte Lumbye, jedoch im leichteren Stil.

Die Frische und der melodische Reichtum sicherten ihm im Norden wie im Ausland einen bleibenden Namen.

Hier ist zu erwähnen, daß seine beiden Söhne Carl Lumbye (1841-1911) und Georg Lumbye (1843-1922) im Tivoli den Namen Lumbye weiterführten, beide waren dort Dirigenten und dazu fleißige Komponisten.

Der Katalog enthält nur die gedruckten Arbeiten, normalerweise in Klavierausgaben. Die Ordnung ist chronologisch nach dem Erscheinungszeitpunkt. Nach einer laufenden Nummer und Kurztitel wird anfangs das Druckjahr erläutert. – Orig: d. h. Originalausgabe, ist ausführlich beschrieben. Danach folgen TO: Titelauflagen, Par: Parallelausgaben und Var: Varianten. Ganz zahlreiche Nachdrucke etc. sind der Übersicht halber hier fortgelassen. – Unter dem Erscheinungsjahr stehen Hinweise auf die allgemein verbreiteten Lumbye-Sammlungen für Klavier:

A. Udvalgte Kompositioner, 2 Bd.   Horneman 1874, cf. 1426
B: Lumbye-Album 1-10   Wilh. Hansen 1884, cf. 1427

C: Folkeudgave (Volksausgabe)   Wilh. Hansen 1893, cf. 1428
    nebst
V: Danse for Een Violin, Hf. 1-31   CC Lose/WH cf. S. 150.

Der Katalog versucht das recht unübersichtliche Material zu ordnen – Opuszahlen gibt es nicht. Die zahlreichen Werke und Ausgaben sind mit ihren Titeln und vielen Doppelnamen nur schwer zu erfassen. Es ist meine Hoffnung, daß diese Arbeit zu einer gewißen Klärung beitragen kann.

    Die erste Übersicht über Lumbye's Schaffen verdanken wir G. Skjerne, der in seiner Biographie: H. C. Lumbye og hans Samtid, 2. Ausgabe, Kbh. 1946, ein Verzeichnis der Kompositionen zusammengestellt hat. Hier gibt Skjerne zahlreiche Detailinformationen; sein Verzeichnis ist hier auf S. 126ff abgedruckt, und zwar mit Hinweis auf die Nummern in vorliegendem Katalog.

    Für wertvollen Beistand danke ich der Königlichen Bibliothek, Statsbiblioteket, The British Library und Tivoli. Für praktische Hilfe danke ich Erling Thorborg und nicht weniger meiner Frau Lene Fog, beide haben mit Geduld und scharfen Augen zu der Ordnung des schwer überschbaren Materials beigetragen.

    Es ist meine Hoffnung, daß meine Arbeit zur weiteren Verbreitung der Kompositionen Lumbyes und zu erneuerten Studien darüber beitragen kann.

Forlagsoversigter s. 11-14:
Breitkopf & Härtel
C. Plenge – Chr. E. Horneman
Joh. Aug. Böhme

Tänze
FÜR DAS PIANOFORTE
von
H. C. LUMBYE.

No 142. Victoria-Galopp	Pr. 5 ngr.	No 143. Nina-Polka	Pr. 5 ngr.
„ 144. Herbstblumen-Polka	„ 5 „	„ 145. Bobo-Polka	„ 5 „
„ 146. Julie-Polka	„ 5 „	„ 147. Champagnerschaum-Galopp	„ 5 „
„ 148. Prinz Carnevals Einzugs-Galopp	„ 5 „	„ 149. Harlequins Narrenkappen-Polka	„ 5 „
„ 150. Polichinells Tarantelle-Galopp	„ 5 „	„ 151. Pierrots Blousen-Polka-Mazurka	„ 5 „

HAMBURG.
bei Joh. Aug. Böhme.
Eigenthum des Verlegers.
Entd Sta Hall.

Lith. Anst. v. H.F. Platz.

Datering

Den kronologi, der ligger til grund for katalogen, er for Lumbyes vedkommende af særlig betydning, idet mange kompositioner var dagsaktuelle. Imidlertid fremgår trykåret næsten aldrig af udgaverne, og udgivelsestiden er derfor her indføjet i katalogteksten. Frem til sommeren 1854 er dateringen hentet fra avertissementer i "Adresseavisen", heri findes i hovedsagen også musikhandlernes avertissementer om de nyheder, der var modtaget fra Tyskland. Dette gælder især de talrige udgaver fra Breitkopf & Härtel, – og for dette forlags vedkommende er tiden afstemt med forlagets pladenumre.

Efter juli 1854 findes udgivelsestiden i Dansk Boghandler-Tidende, dels i avertissementer, dels i de månedlige fortegnelser over nyudkomne musikalier. I perioden fra 1861 fremkom de allerfleste værker i det af Lumbye redigerede musikblad 'Musikalske Nyheder', dette er detailbeskrevet og dateret i min Samling 16: 'Node-Periodica', – som findes i Det kgl. Bibliotek. Dateringen er løbende sammenholdt med den værkfortegnelse, der findes i G. Skjerne: H. C. Lumbye og hans Samtid, 2. udgave, Kbh. 1946, den er også gengivet her i katalogen s. 126.

Ud fra de nævnte kildeskrifter har det således været muligt i alt væsentlig at fastslå måned og år for førsteudgaven.

Zur Datierung

Die Angabe des Erscheinungszeitpunkts ist im Falle H. C. Lumbye von besonderer Wichtigkeit, da viele seiner Werke ihrer Natur nach aktuell waren. Leider sind die Veröffentlichungen nur ausnahmsweise mit Erscheinungsjahr versehen, die Information mußte nach anderen Quellen vervollständigt werden.

Bis zum Sommer 1854 ist die Datierung in der Hauptsache der Kopenhagener Tageszeitung "Adresseavisen" entnommen, dies gilt nicht bloß für die dänischen Ausgaben, die von den Verlegern inseriert wurden, es gilt ebenfalls für die in Deutschland herausgegebenen Werke, die der Musikalienhandel als neu eingetroffene Novitäten anzeigte. Solche Angaben wurden mit den Verlagsnummern nachgeprüft. – Seit Juli 1854 findet man die Zeitangaben in der dänischen Buchhändlerzeitung, in Inseraten sowie in den monatlichen Verzeichnissen neu erschienener Musikalien.

Ab 1861 veröffentlichte Lumbye hauptsächlich seine neuen Werke in dem von ihm redigierten Musikblatt "Musikalske Nyheder". Eine Detailregistrierung dieser Publikation mit Datierung der jeweiligen Hefte befindet sich in meiner Sammlung 16 'Node-Periodica' in der Königlichen Bibliothek, Kopenhagen.

Die Angaben wurden laufend mit dem Werkverzeichnis von G. Skjerne verglichen, cf. Wiedergabe davon auf Seite 126. Auf der Grundlage der angeführten zeitgenössischen Quellen sind die Ausgaben in der Hauptsache mit Monat und Jahr der Erstausgabe versehen.

Litteratur

G. Skjerne: H. C. Lumbye og hans Samtid.
   2. udg. Kbh. 1946 (med værkfortegnelse)
Aug. Bournonville: Mit Theaterliv, III, 1878,
   – – ny udg., II, 1979
Dan Fog: The Royal Danish Ballet and August Bournonville.
   Copenhagen 1961
Niels Schiørring: Musikkens Historie i Danmark, 1977-78, II-III
P. Engell: Kjøbenhavns Tivoli i 50 Aar. 1893
A. Jeppesen: Kjøbenhavns Sommer-Tivoli 1843-1968. 1968
Wilhelm Hansen, Musik-Forlag. Katalog over samtlige
   Forlagsværker. (1923)
Breitkopf & Härtel: Verzeichnis des Musikalienverlages.
   Vollständig bis Ende 1902.

Forkortelser – Abkürzungen

A: se side 7	siehe Seite 10
B: se side 7	siehe Seite 10
B&H: Breitkopf & Härtel	
C: se side 7	siehe Seite 10
Hbg.: Hamburg	
Horn: Chr. E. Horneman	
H & E: Horneman & Erslev	
Kbh: København	Kopenhagen
Lpz: Leipzig	
NU: ny udgave	neue Ausgabe
Orig: Originaludgave	Originalausgabe
Par: Paralleludgave	Parallelausgabe
Sep: Separattryk	Separatdruck
TO: Titeloplag	Titelauflage
V: se side 7	siehe Seite 10
Var: Variant	Variante
WH: Wilhelm Hansen	
/1238/ pladenummer	Stichplatten-Nummer
/-/ uden pladenummer	ohne Stichplatten-Nummer
(1848) udgivelsesår	Erscheinungsjahr

Katalog

1001   Tre Galopader eller Hopsvalse   1834
              Avertissement i 'Adresseavisen' 6/10-1834:

              Fra Pressen er udkommet:
              Et Hefte nye moderne Dandse for Pianoforte: Vals af
              Beethoven, 3 Galopader eller Hopsvalse af H: C. Lumbye og 3
              dito af Kaliwoda, koster 32 ß. og faaes i Schoubyes Musik-
              handel og hos Forlæggeren C. D. Milde, Stormgaden 203,
              2den Sal.

1002   To Galopader og en Vals   1837
              a: Dragon Galopade, D   *a: V: 1*
              b: Galopade, E
              c: Vals, A, 3/8

Orig   Trykt i: 'Samling af nye og yndede Dandse for Pianoforte.' 3.
              Saml., No. 8. Kbh., C. C. Lose & Olsen. /-/ (maj 1837).
              3 s. Tværfolio. Stik.

1003   Tre Galopader   1837
              a: Gallopade, No. 9, E
              b: Gallopade, No. 10, G
              c: Gallopade, No. 11, E

Orig   Trykt i 'Samling af yndede Dandse for Pianoforte.'
              Kbh., C. C. Lose & Olsen.
              /-/ (dec. 1837). 13 s. Tværfolio. Stik.
              Findes også med titel: Terpsichore ...
Sep   No. 9, 10, 11; Kbh., Lose & Delbanco (aug. 1847)

1004   Seks yndede Danse   1838
              a: Française. No. 1-6; A-a
              b: Brude-Vals; A, 3/8
              c: Prindsesse-Galop, A
              d: Georgine-Vals; E, 3/8
              e: Auctions-Galop; E
              f: Leir-Galop; A

Orig   Sex yndede Dandse udsatte til Piano-Forte og Hendes
              Kongelige Höjhed Prindsesse Caroline underdanigst
              tilegnede ... Kbh. Forlagt af C. C. Lose & Olsen.

Ekegrén Sc:
/-/ (marts 1838). 9 s. Tværfolio. Stik.

1005 Tolv nye yndede Danse, Hefte 1   1839
- a: Slots-Vals; E, 3/4
- b: Hamborger-Vals; E, 2/4
- c: Doctor-Galop; H   *c: V: 3*
- d: Introductions-Galop; D   *d: V: 2*
- e: Gouverneur-Galop; A   *e: V: 2*
- f: Cornet-Galop; A   *f: V: 3*

Orig   Tolv nye yndede Dandse for Pianoforte, ... Første Hefte.
Kbh. Faaes hos C. C. Lose & Olsen.
Trykt i J. D. Qvists Nodetrykkeri.
/-/ (april 1839). 7 s. Tværfolio. Typetryk.

NU   se følgende nummer

1006 Hamborger Galop i E dur   1839
Orig   Trykt i 'Udvalgte Dandse af yndede Componister udsatte for Een Violin.' 2. Hefte. Kbh., Forlagt af C.C. Lose & Olsen.
/-/ (april 1839).

1007 Tolv nye yndede Danse, Hefte 2   1840
- a: Thalia-Vals; A, 3/8
- b: Hamborger-Vals; Fis, 2/4
- c: Raket-Galop; E
- d: Trompet-Galop; A
- e: Hamborger-Vals; E, 2/4
- f: Pandur-Galop; D

Orig   Tolv nye yndede Dandse for Pianoforte, ... Andet Hefte.
Kbh. Faaes hos C.C. Lose & Olsen.
Trykt i J.D. Qvists Nodetrykkeri.
/-/ (marts 1840). 7 s. Tværfolio. Typetryk.

NU   af begge hefter:
Tolv yndede Dandse for Pianoforte ... Hefte ... 1 Hefte

2det Hefte (med angivelse af indholdet). Kbh., hos
C. C. Lose & Olsen.
/-/ (1841). 7, 7 s. Tværfolio. Stik.

1008   4 Hamborger Skotske og 1 Wiener Vals   1840
a: Skotsk Vals; A, 2/4
b: Carolina Skotsk Vals; D, 2/4
c: Johanne Vals; A, 3/4
d: Kannys Skotsk Vals; A, 2/4
e: Skotsk Vals; Fis, 2/4

Orig   Samling af nye og yndede Dandse for Pianoforte.
3den(!)Saml. No. 17. Kbh. hos C.C. Lose & Olsen.
/-/ (maj 1840). 5 s. Tværfolio. Stik.

Var   Terpsichore. Danses Favorites pour le Piano Forte.
– Collection. Copenhague chez C.C. Lose & Olsen.
Titelvariant med litografisk titel i farvetryk.
Indholdet identisk med ovenstående.

1009   Tre Danse   1840
a: Caroline Vals; A, 3/8
b: Balon Galop; E
c: Jubel Galop; D

Orig   Trykt i: Terpsichore. Danses Favorites pour le Piano Forte.
Collection ... Copenhague chez C.C. Lose & Olsen.
/-/ (1840). 11 s. Tværfolio. Stik.

TO   Lose & Delbanco (1848)

1010   To Danse   1840
a: Recreations Galop; E
b: Seiers Galop; A

Orig	Trykt i: Terpsichore. Danses Favorites pour le Piano Forte. Collection ... Copenhague chez C.C. Lose & Olsen. /-/ (1840). 13 S. Tværfolio. Stik.	
TO	Lose & Delbanco (1848)	

1011 Festdanse 1840

a: Sølvbryllupsvals; A, 3/4; Introduction, nr. 1-6, Finale
b: Fest Quadrille; E
c: Danmarks Vals; A, 3/4; Introduction, nr. 1-6, Finale; for klaver 4hd.

a: V: 4

Orig Fest Dandse for Pianoforte af ... – Fest Tänze für das Pianoforte von ... No. 1(-3). Kbh., forlagt af C.C. Lose & Olsen. 3 hefter. 11, 9, 19 s. Folio. Stik. (dec. 1840). Litografisk titelside, lith. af See, i stor, musikallegorisk ramme.

NU c: Danmark-Vals. (Efterladt Komposition, ikke tidligere trykt.). Trykt i 'Det grønne Hefte for Klaver. Grundlovshefte 1910. Kbh., Olfert Jespersen. – Klaverudgave; fodnote s. 10: "Arr. for Klaver efter H.C. Lumbyes Partitur af G.C. Bohlmann."

NU c: Danmarksvals. Klaver 4 hd. Wilhelm Hansen /1329/

1012 Fem Galopper 1841

a: Caroline Galop; E
b: Postillon Galop; Es
c: Reise Galop; E
d: Sylphide Galop; C
e: Zigeuner Galop; E

Orig Samling af yndede Dandse for Piano-Forte af ... No. Kbh forlagt af C.C. Lose & Olsen. /-/ (april 1841). 13 s. Tværfolio. Stik.

Sep Nr. 1-5, udkom samtidig.

Var Caroline Galop udkom i 1846 hos J. Schuberth & Co. i Hamburg & Leipzig som op. 16, i klaverudgaver for 2 og 4 hænder og for orkester.

1013 Kroningsvals **1841**

Orig Trykt i 'Udvalgte Dandse af yndede Componister udsatte for Een Violin'. 5. Hefte. Kbh., Forlagt af C.C. Lose & Olsen.
/-/ (april 1841). Pariser.

1014 Döblers Zauber-Galop **1841**

Orig Terpsichore. Danses Favorites pour le Piano Forte. AC
... Collection. Copenhague chez C.C. Lose & Olsen.
/-/ (nov. 1841). 5 s. Tværfolio. Stik
Kopftitel: Döbler's Zauber-Galop.

NU Döbler's Zauber Galop für das Pianoforte von ... Eigenthum der Verleger. Zweihändig / Vierhändig. Copenhagen bei C.C. Lose & Olsen. Leipzig bei Breitkopf & Härtel. Die Orchesterstimmen sind im Verlage von Breitkopf & Härtel erschienen. Em. Bærentzen & Co. lith. Inst. /-/ (1845). 5 S. Querfolio. Stich.

Note – Udgaven er nystukket. Hermed begyndte Lumbyes samarbejde med Breitkopf & Härtel.

P4hd: (Titel som orig). Cph., Lose & Olsen. 7 s. Tv.fol.
(Titel som NU) ... 7 S. Querfolio. Stich.

Indbydelse til Subskription
paa
nye Dandse for Pianoforte,
af Lumbye.

Underlegnede er herved saa fri at indbyde til Subskription paa 6 Maaneds-Hefter, hvert bestaaende af 4 Sider trykkede Noder med couleurt Omslag og Titel, og hvis Indhold vil blive Hamborger-Skotske, Galoppader og Valtse, Antallet i Forhold til deres Størrelse.

Subskriptionsprisen er ikkun ansat til 24 ß. pr. Hefte, men for enkelte Hefter bliver Prisen 32 ß.

Første Hefte udkommer i Løbet af næste Maaned. I Hof-Musikhandelen, i Gothersgaden 848, modtages Subskription. H. C. Lumbye.

1015	**Nye Danse. Første Maanedshefte**	**1841**
	a: Bellona-Vals; A, 3/4	
	b: Fortuna-Galop; E	
	c: Hamborger-Vals; A, 2/4	

Orig   Nye Dandse af H. C. Lumbye, – Første Maanedshefte, (November 1841) : Bellona-Vals. Fortuna-Galop. Hamborger-Vals. – Kjøbenhavn. I Commission i Lose & Olsens Hof-Musikhandel. Trykt hos J. D. Qvist. /-/ (nov. 1841). 4 s. Tværfolio.Typetryk.

1016	**Nye Danse. Andet Maanedshefte**	**1841**
	a: Française uddraget af Fest-Quadrillen ved Balpareet den 28. juni 1841. (6 Toure); E	
	b: Hopsa-Vals; D	

Orig   Nye Dandse ... etc. som ovf. Andet Maanedshefte, (December 1841) ... 4 s. Tværfolio. Typetryk.

1017	**Nye Danse. Tredie Maanedshefte**	**1842**
	a: Serenade-Vals; D, 3/4	
	b: Judithe-Galop; F	
	c: Hamborger-Vals; E, 2/4	
	d: Louise-Skotsk; E, 2/4	

Orig   Nye Dandse ... etc. som ovf. Tredie Maanedshefte, (Januar 1842) ... 4 s. Tværfolio. Typetryk.

1018	**Nye Danse. Fjerde Maanedshæfte**	**1842**
	a: Flora-Vals; A, 3/4	
	b: Zitter-Galop; E	
	c: Valdemar-Skotsk; F, 2/4	

Orig   Nye Danse ... etc. som ovf. Fjerde Maanedshefte, (Februar 1842) ... 4 s. Tværfolio. Typetryk.

1019	**Nye Danse. Femte Maanedshefte**	**1842**
	a: Mazurka; A	
	b: Charlotte-Galop; E	
	c: Maria-Polka; A	

Orig   Nye Dandse ... etc. som ovf. Femte Maanedshefte, (Marts 1842): ... 4 s. Tværfolio. Typetryk.

1020	**Nye Danse. Sjette Maanedshefte**	**1842**
	a: Elvina-Polka; G	
	b: Augusta-Galop; H	
	c: La Témpte; A, 2/4	
	d: Hopsa-Vals; A, 2/4	

Orig   Nye Dandse ... etc. som ovf. Sjette Maanedshefte, (April 1842): ... 4 s. Tværfolio. Typetryk.

1021	**Finale-Galop af 'Napoli'**	**1842**
	No. 8: Finale; E	*BC*
Orig	Napoli. Ballet Pantomime d'Auguste Bournonville. Musique composée et arrangée par differents Compositeurs ... Galop Final par H. C. Lumbye. Cph., chez C. C. Lose & Olsen. /-/ (Juli 1842). 26 s. Folio. Stik.	
Note	I klaverudtoget er komponisternes navne anført ved deres bidrag, dog står der over finalen ikke Lumbye. 1. opf: Kgl. Teater 29. marts 1842.	
Sep	... III. Galop Final ... pp. 24-26. (sept. 1842)	
TO	CC Lose, Wilhelm Hansen.	

1022	**Tolv nye Danse for een Violin**	**1842**
Orig	Tolv nye Danse for een Violin, nærmest til Brug paa Landet ... faaes i min Bopæl Dybensgade 176, 3. Sal a 48 Sk pr. Hefte. Avertissement i 'Adresseavisen' 18. okt. 1842.	

RUTSCHBANE GALOP
af
H. C. LUMBYE
Musikdirecteur ved Tivoli

Priis 32 ß.

Kjöbenhavn
hos C. C. Lose & Olsen

*erholdes tillige i Tivoli Bazar Nº 18.
og paa Contoiret ved Gammelstrand Nº 40*

1023	**Militær Polka**	**1842**

Orig   Polka. Militairdands af A. Bournonville. Componeret af ...
       Kbh., C. C. Lose & Olsen's Forlag.
       /-/ (dec. 1842). (3). s. Pariserformat. Stik.

NU   Wilhelm Hansen /2235/.

1024	**Augusta Polka**	**1843**

Orig   Augusta-Polka componeret og Hendes Höifyrstelige Durch-
       lauchtighed Augusta Prindsesse til Hessen underda-
       nigst tilegnet ... Kbh., hos C. C. Lose & Olsen. /2006/
       (marts 1843). 3 s. Folio. Stik.

1025	**Seks Tivoli Galopper**	**1843**

      a: Rutschbane Galop; D
      b: Damp-Carroussellbane-Galop; D   *b: V: 7*
      c: Skydebane-Galop; D   *C: BC V: 8*
      d: Gondol Galop; D   *d: ABC*
      e: Concert Salon Galop; D   *e: V: 7*
      f: Theater Galop; E

Note   Udkom i september 1843 i seks enkeltudgaver, hver af dem
       med en kunstnerisk udført illustration af Em. Bærent-
       zen & Co. På titelsiderne anføres "af H. C. Lumbye,
       Musikdirecteur ved Tivoli".

Orig   a: Tivolis Rutschbane Galop ... Kbh., C. C. Lose & Olsen
            erholdes tillige i Tivoli Bazar No. 18 og paa Contoiret
            ved Gammelstrand No. 10.
            /-/ (sept. 1843). (3). s. Folio. Litografi.
– –   b-f: Ibidem. Som plademærke er anført 'B' – 'F'. 3, 3, 5, 5,
            5 s. Folio. Stik.

1026	**Wilhelmine Polka**	**1843**

       Wilhelmine Polka. Kbh., Lose & Olsen (dec. 1843)

1027	**Ny Jugendfeuer-Galop**	1844
Orig	Trykt i 'Repertorium af yndede Dandse udsatte for Pianoforte'. No. 6, udgivne af C. C. Lose & Olsen Kbh. /-/ (februar 1844), s. 2-3. Tværfolio. Stik.	
1028	**Alexandra Polka (La Lithuanienne)**	1844
Orig	(Kopftitel)	V:8
	Alexandra Polka. (La Lithuanienne) dansée par Dlle. Aug. Nielsen. Cph. chez C. C. Lose & Olsen. /-/ (febr. 1844). 3 s. Pariserformat. Stik.	
Var	Klaver 4hd, Wilh. Hansen /9163/ (1885)	
Note	Divertissementet 'La Lithuanienne', komponeret af solodanser Fr. Lefebvre, blev førsteopført på det kgl. Teater 5. nov. 1844.	
1029	**Johanne Luise Vals**	1844
Orig	Johanne Luise Vals componeret og Fru J. L. Heiberg med Höiagtelse tilegnet af ... Kbh., hos C. C. Lose & Olsen. /2078/ (august 1844). 9 s. Folio. Stik. – Med titelportræt af Fru Heiberg.	
1030	**Telegraf-Galop**	1844
Orig	Telegraph-Galop componeret og Agent George Carstensen med Höiagtelse tilegnet af ... Kbh., hos C. C. Lose & Olsen. /2082/ (sept. 1844). 5 s. Folio. Stik. – Med titelportræt af Agent Carstensen.	
Note	Anvendt som finale i Aug. Bournonvilles ballet "Konservatoriet". 1. opf: Kgl. Teater 6. maj 1849.	
1031	**Pariser-Mode-Polka**	1844
Orig	(Kopftitel)	V:7
	Pariser-Mode-Polka. Kbh. hos C. C. Lose & Olsen. /2102/ (dec. 1844). 3 s. Pariserformat. Stik.	

1032	**Tre Danse for Violin**	**1844**
	a: Clara Hamborger Skotsk; D	
	b: Tivoli Damp-Carousellbane Polka; A	
	c: Hamborger Skotsk; D	

Orig   Trykt i: Udvalgte Dandse af yndede Componister udsatte for Een Violin. 7. Hefte. Kbh., forlagt af C. C. Lose & Olsen. /2103/ (dec. 1844). 11 s. Pariserformat. Stik.

1033	**Vemod – La Resignation. Vals**	**1845**
Orig	Veemod Vals for Pianoforte ... Kbh., hos C. C. Lose & Olsen. /2107/ (jan. 1845). 7 s. Folio. Stik.	BC
Var	La Resignation. Walzer für das Pianoforte. Lpz., B&H /7466/ (1846).	
– –	– – zu vier Händen. /7467/ (1846)	
– –	– – für Orchester. 19 Stimmhefte. /7510/ (1846)	

1034	**Juliane Galop**	**1845**
Orig	Trykt i: Udvalgte Danse af yndede Componister udsatte for Een Violin. 8. Hefte. Kbh., C. C. Lose & Olsen. /2114/ (maj 1845). Pariserformat.	

1035	**Les Souvenirs de Paris**	**1845**
	a: Polka; A	
	b: Vals; E	
	c: Galop; E	
Orig	Les Souvenirs de Paris. Polka, Walzer und Galopp. Lpz., B&H /7272/ (1845)	
Var	– – zu vier Händen. /7295/ (1845)	
– –	– – für Orchester /7267/ (1845)	
– –	Polka og Galop blev i begyndelsen af 1846 trykt i: Udvalgte Danse ... for Een Violin (se ovf.). 9. Hefte.	
Note	Med dette værk indledes den række, der under fællestitlen 'Lumbye's Tænze', senere 'Taenze für das Pianoforte von H. C. Lumbye' udkom hos Breitkopf & Härtel i Leipzig. Cf. s. 11.	

1036	**Eine Sommernacht in Dänemark. Galopp**	**1845**
	En Sommernat paa Møens Klint. Galop	AC
Orig	Lumbyes Taenze [No. 2] Eine Sommernacht in Dänemark. Galopp ... Lpz., B&H /7271/ (1845). 7 S. Querfolio. Stich.	
Var	– – zu vier Händen /7295/ (1845)	
– –	– – für Orchester /7274/ (1845)	
Var	Summer Night in Denmark galop. Orchestral parts. London (1873)	
– –	– – For pianoforte. London (1873).	
Var	En Sommernat paa Möens Klint. Galop. Kbh., Wilh. Hansen. /-/ (nov. 1874). 7 s. Folio.	

1037	**Le Carneval de Paris. Polka**	**1845**
Orig	Lumbyes Taenze [No. 3] Le Carneval de Paris. Polka Lpz., B&H /7273/ (1845). 3 S. Querfol. Stich.	
Var	– – zu vier Händen /7296/ (1845)	
– –	– – für Orchester /7268/ (1845)	

1038	**En Tur paa Dyrehavsbakken. Galop**	**1845**
Orig	En Tour paa Dyrehavsbakken. Galop for Pianoforte Kbh., hos C. C. Lose & Olsen. /2129/ (aug. 1845). 5 s. Folio. Stik.	BC
TO	L&D, C. C. Lose, Wilh. Hansen.	

1039	**Erinnerung an Wien. Vals**	**1845**
Orig	Lumbye's Taenze No. 4. Erinnerung an Wien. Walzer. Lpz., B&H /7289/ (1845). 11 S. Querfol. Stich	C
Var	– – zu vier Händen /7299/ (1845)	
– –	– – für Orchester /7337/ (1845)	
NU	– – Kbh., Wilhelm Hansen /3049/ (nov. 1874)	

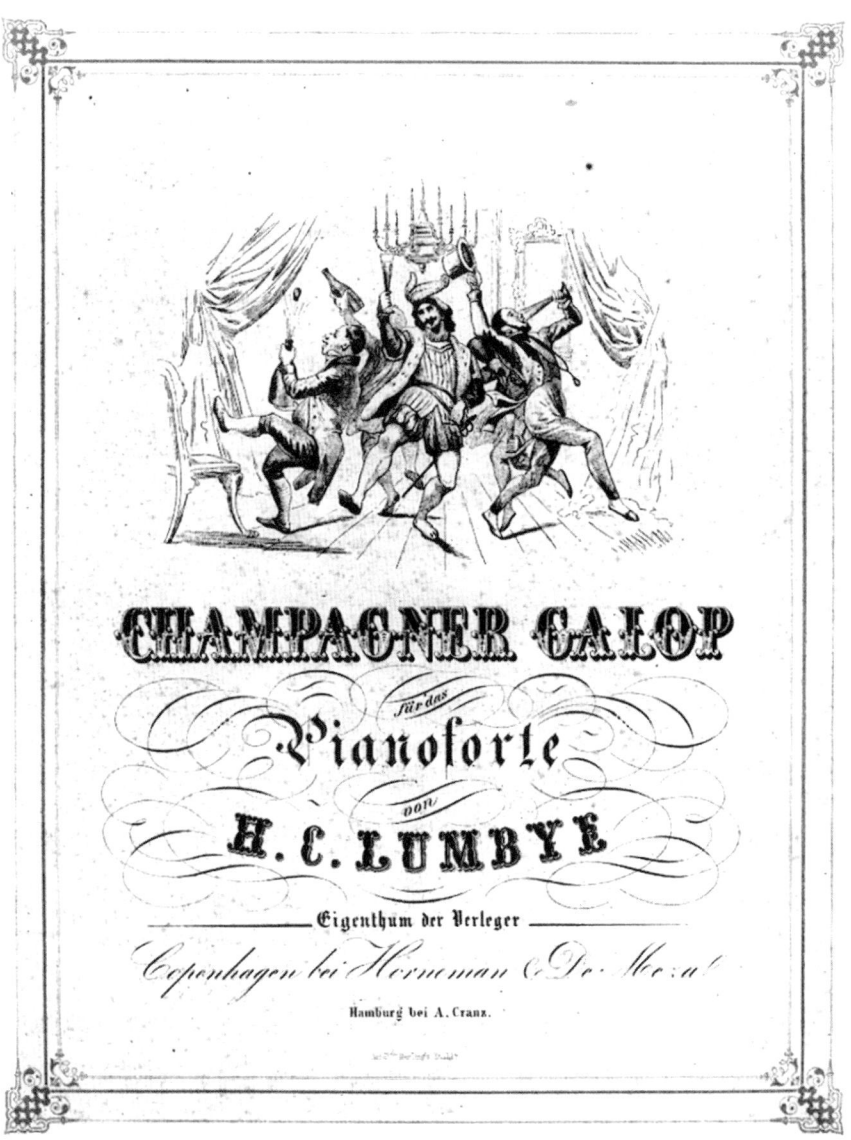

1040	**Donau-Blumen-Quadrille**	**1845**
Orig	Lumbye's Taenze No. 5	
	Donau-Blumen-Quadrille...	
	Lpz., B&H /7292/ (1845). 7 S. Querfol. Stich.	
Var	– – zu vier Händen /7346/ (1845)	
– –	– – für Orchester /7350/ (1845)	

1041	**Tivoli-Bazar-Galopp**	**1845**
Orig	Lumbye's Tanze No. 6	
	Tivoli-Bazar-Galopp ...	
	Lpz., B&H /7290/ (1845). 3 S. Querfolio. Stich.	
Var	– – zu vier Händen /7298/ (1845)	
– –	– – für Orchester /7371/ (1845)	

1042	**Corsicaner-Galopp**	**1845**
Orig	Lumbye's Taenze No. 7	*AC*
	Corsicaner Galopp ...	
	Lpz., B&H /7291/ (1845). 3 S. Querfolio. Stich.	
Var	– – zu vier Händen /7312/ (1845)	
– –	– – für Orchester /7348/ (1845)	
Var	The Champagne galop, and the Corsican galop, for the Pianoforte. London (1855)	
– –	Corsican galop. Orchestral parts. London (1877)	

1043	**En Aften paa Dyrehavsbakken. Vals**	**1845**
Orig	En Aften paa Dyrehavsbakken. Vals ...	
	Kbh., Horneman & de Meza /-/ (sept. 1845). 7 s. Folio.	
TO	– – H&E /98/. – Wilh. Hansen /6321/	

1044	**Champagnegalop**	**1845**
Orig	Champagner Galop für das Pianoforte von ...Eigenthum der Verleger. Copenhagen bei Horneman & De Meza. Hamburg bei A. Cranz. Brödrne (!). Berlings Etabl. /-/ (oktober 1845). 3 s. Folio. Stik.	*BC*
	– Illustreret titelside i rød ramme.	

TO	H&E /-/. - H&E /99/. - + talrige senere TO	
Var	– – for fire Hænder. H&E /127/ (1846)	
Par	H. C. Lumbye's Tänze für Orchester. Champagner Galop op. 14. à 2 mains. Eigenthum der Verleger Schuberth & Co., Hamburg & Leipzig ... /955/ (1846)	
Var	– – à 4 mains /955/ (1846)	
– –	– – für das Pianoforte. London (1847)	
– –	– London (1854)	
– –	Champagner Galop. – Boosey's Orchestral Journal of dance music ... No. 8. London (1860)	
Part	Champagner Galop. Opus 14. Partitur. Samfundet til Udgivelse af dansk Musik. 3. Serie Nr. 91. 1946. 14 s. Folio. Med tekstindledning af udgiveren Sven Lunn. (1946). Ork: 2121 – 0411 – 6 + str.	
Div	+ talrige arrangementer, bearbejdelser etc.	

1045   **Gruss an die Heimat. Walzer**   **1845**
         Hilsen til Hjemmet. – Vals   *V:10*

Orig   Lumbye's Tænze. No. 8
         Gruss an die Heimat. Walzer.
           Lpz, B&H /7340/ (1845)

Var   – – zu vier Händen /7379/ (1845)
– –   – – für Orchester /7363/ (1845)

1046   **Leopoldine Polka**   **1845**

Orig   Lumbye's Tænze. No. 9
         Leopoldinen-Polka
           Lpz., B&H /7341/ (1845). 5 S. Querfolio. Stich.

Var   – – zu vier Händen /7381/ (1845)
– –   – – für Orchester /7364/ (1845)

1047   **Militair Galopp**   **1845**

Orig   Lumbye's Tænze. No. 10   *V: 7*
         Militair-Galopp ...

Var	— — zu vier Händen /7378/ (1845)
— —	— — für Orchester /7361/ (1845)

1048 Fontaine-Walzer   1845
Orig   Lumbye's Tænze. No. 11   *V:10*
       Fontaine Walzer ...
         Lpz., B&H /7343/ (1845). 7 S. Querfolio. Stich.
Var   — — zu vier Händen /7376/ (1845)
— —   — — für Orchester /7360/ (1845)

1049 Fest-Galopp   1845
Orig   Lumbye's Tænze. No. 12   *V:10*
       Fest-Galopp ...
         Lpz., B&H /7342/ (1845)
Var   — — zu vier Händen /7380/ (1845)
— —   — — für Orchester /7368/ (1845)

1050 Nordische Studenten-Polka   1845
      Nordisk Studenter-Polka
Orig   Lumbye's Tænze. No. 13
       Nordische Studenten-Polka ...
         Lpz., B&H /7344/ (1845)
Var   — — zu vier Händen /7377/ (1845)
— —   — — für Orchester /7362/ (1845)

NU   Nordisk Studenter-Polka. Kbh., Wilhelm Hansen,
         /3061/ (nov. 1874). 5 s. Folio.

1051 Laschott's Zauber Galop   1845
Orig   Laschott's Zauber Galop für das Pianoforte von ... Eigen-
         thum der Verleger. Preis = Cph. bei Horneman & de
         Meza. Hamburg bei A. Cranz.
         /-/ (nov. 1845). 5 S. Tværfolio. Stik.

1052	**Erinnerung an Berlin. Walzer**	**1846**
Orig	Lumbye's Tænze. No. 14	
	Erinnerung an Berlin. Walzer für das Pianoforte. Lpz., B&H /7400/ (1846). 11 S. Querfolio. Stich.	
Var	– – zu vier Händen /7401/ (1846)	
– –	– – für Orchester /7402/ (1846)	

1053	**Souvenir de Jenny Lind. Walzer**	**1846**
Orig	Lumbye's Tænze. No. 15	
	Souvenir de Jenny Lind. Walzer für das Pianoforte componirt ... Lpz., B&H /7409/ (1846). 11 S. Querfolio. Stich.	
Var	– – zu vier Händen /7410/ (1846)	
– –	– – für Orchester /7422/ (1846)	
Var	Souvenirs de Jenny Lind valses. (Octet band parts) London (1877). 8vo.	

1054	**Kroll's Ballklänge. Walzer**	**1846**
Orig	Lumbye's Tænze. No. 16.	*AC*
	Kroll's Ballklänge. Walzer für das Pianoforte componirt ... Lpz., B&H /7411/ (1846). 9 S. Querfolio. Stich.	
Var	– – zu vier Händen /7412/ (1846)	
– –	– – für Orchester, 17 Stimmen. (1846)	
Var	Krolls Ball Klange waltzes. (Orchestral parts). London (1873). 8vo.	
– –	– – for the Pianoforte. London (1873)	
NU	Pfte, 2hd: B&H, VA/EB 2364. 9 s. Folio	
NU	Kroll's Ballklänge. Vals. Kbh., WH /-/	
– –	– – 4-hændig. Kbh., WH /-/	
NU	For Orkester. Se nr. 1444	

1055	**Berliner Studenten-Polka**	**1846**
Orig	Lumbye's Tænze. No. 17	*V:10*
	Berliner Studenten-Polka für das Pianoforte componirt ... Lpz., B&H /7429/ (1846). 3 S. Querfolio. Stich.	

DANDSE UDFÖRTE 1847.

Claveerudtog.

N.º 1. Julien, Imperial Polka og Les folies de Paris Polka	Pr.	24 sk.
„ 2. Rec, A, Juhel Galop	„	36 „
„ 3. Lumbye, H.C. Drömmebilleder Fantasie	„	48 „
„ 4. „ „ En Tour paa Dyrehavsbakken Galop	„	32 „
„ 5. Lincke, A.P. Josephine Polka	„	24 „
„ 6. Canthal, Aug. M., Op. 130 Mein Gruss an Kopenhagen Polka	„	24 „
„ 7. „ „ Op. 131 Der Solo Trompeter, Marsch	„	24 „
„ 8. „ „ Op. 132 Kopenhagener Tivoli Tänze Walzer	„	60 „
„ 9. Lumbye, H.C. Gondol Galop	„	32 „

Kjöbenhavn
Forlagt af C. C. Lose & Delbanco.

Var	– – zu vier Händen /7430/ (1846)	
– –	– – für Orchester /7480/ (1846)	

1056 Hühner-Masken-Quadrille   1846
Orig   Lumbye's Tænze. No. 18   AC
Hühner-Masken-Quadrille für das Pianoforte componirt
... Lpz., B&H /7433/ (1846). 7 S. Querfolio. Stich.

Var   – – zu vier Händen /7434/ (1846)
– –   – – für Orchester /7501/ (1846)

NU   "Hühner-Masken", Quadrille. Kbh., WH /3056/
(nov. 1874). 7 s. Folio

1057 Drømmebilleder. Fantasi   1846
Traumbilder. Fantasie   ABC

Orig I   Kjöbenhavns Sommer-Tivoli. [illustr.: Tivolis indgang]
Dandse udförte 1846. Claveerudtog. ... No. 3. Lumbye, H. C. "Drömmebilleder", Fantasie. Kbh., Forlagt af C. C. Lose & Delbanco. Em. Bærentzen & Co. Lith. Inst.
/-/ (juli 1846). 7 s. Folio. Stik.

Orig II   Traumbilder. Fantasie für Orchester von ...
Clavierauszug zu 2 Händen, Pr. 15 Ngr. ...
Eigenthum der Verleger. Eingetragen in das Vereinsarchiv. Leipzig, bei Breitkopf & Härtel.
/7833/ (1846). 11 S. Querfolio. Stich.

Var   – – zu 4 Händen. /8249/ (1850). 15 S. Querfolio.
– –   – – für Orchester. 22 Stimmen. (1848)

Var   Traum Bilder (Dream of Visions). Fantasia
Orchestral parts. London 1876
– –   – – For pianoforte. London (1877)
– –   Dream-pictures ... Fantasia. For pianoforte.
London, Augener no. 6215 (1886). 4to.
– –   – – Pianoforte duet. London, Augener no. 8570. (1886).

BREITKOPF UND HÄRTEL IN LEIPZIG. Lumbye.

No.		ℳ	𝔤
VA 319	Lumbye, H. C., Phantasien u. Festmärsche f. Pfte. 4 geb. 4.50 ℳ No. 1. Fackeltanz. — 2. Honneur-Marsch. — 3. Nebelbilder. — 4. Traumbilder. — 5. Der Traum des Savoyarden. — 6. Der Traum nach dem Balle.	3	—
PB 289	—— Traumbilder. Phantasie für Orchester. Partitur. 8 n.	2	—
OB 275	—— Orchesterstimmen = 22 Hefte . . . . . . je n.	—	30
OB 275	—— Für Hausmusik. (Harmonium, Pianoforte, Streich- quintett und Flöte.) Pianofortestimme n. 1.50 ℳ, Harm.- (u. Pfte.)-Stimme n. 1.50 ℳ u. 6 Stimmen- hefte. . . . . je n.	—	30
Viol 16032	—— Für Violine (mit Begleitung einer zweiten Violine ad libitum) übertragen von *Friedr. Hermann* . . .	2	—
Viol 10445	—— Für Pianoforte u. Violine von *F. L. Schubert.* (Klassisches u. Modernes, II, 12.	2	60
Vla 22314	—— Für Pianoforte u. Viola von *Fr. Hermann* . . .	1	30
Vcll 10445	—— Für Pianoforte und Violoncell	2	60
KlB 8249	—— Für Pianoforte zu 4 Händen	2	—
KlB 7833	—— Für Pianoforte zu 2 Händen	2	—
Harm 13941	—— Für Harmonium übertragen von *E. Stapf*	2	—
Band 19132	—— Für Bandoneon bearb. von *C. Ullrich*.	1	—
Z 21371	—— Für Zither bearb. von *P. Renk* Sohn; . . . . . Siehe auch Im Salon Bd. I. — Zither-Album.	1	—

NU Talrige titeloplag og nyudgaver samt bearbejdelser.
Note Den danske førsteudgave averteres udkommet 4/7-1846.
 Den tyske førsteudgave udkom i samme måned.

1058 Amelie-Vals 1846
Orig Lumbye's Tænze. No. 19 AC
 Amelie-Walzer für das Pianoforte componirt von … V:12
  Lpz., B&H /7446/ (1846). 9 S. Querfolio. Stich.

Var – – zu vier Händen /7447/ (1846)
– – – – für Orchester, 17 Stimmen. (1846)

Var Amelie valses (Orchestral parts). London (1873)
– – Amelia waltzes, for the pianoforte. Ed. H. Cramer. No. 4.
  London (1853)
– – – – London (1859). Folio.

NU H. C. Lumbye's Dandse for Pianoforte. 2-hændig.
 No. 1 Amelie-Vals. Kbh., Wilhelm Hansens Forlag
 /-/ 7 s. Folio.
Var – – 4-hændig. Wihl. Hansen /-/ 11 s. Folio.

1059	**Pariser Studenten Vals, arrangeret**	**1846**
Orig	Gjenklange fra Klampenborg's og Tivoli's [litogr. scener] Concert-Salons for Pianoforte. No. 2. Pariser Studenten, Vals G. C. arr. af Lumbye. Kbh., hos Horneman & Erslev. /-/ (aug. 1846). 8 s. Folio. Stik.	
Note	Komponisten G. C. er Georg Carstensen.	

1060 Fest-Galop   **1846**
Orig   Fest-Galop (i A) trykt i: Udvalgte Dandse af yndede Componister udsatte for Een Violin. 10. Hefte. Kbh., C. C. Lose & Delbanco /2155/ (aug. 1846). Pariserformat.

1061 Sophie-Mazurka   **1846**
Orig   Lumbye's Tænze. No. 20
Sophien-Mazurka für das Pianoforte componirt ...
Lpz., B&H /7437/ (1846). 3 S. Querfolio. Stich.
Var   – – zu vier Händen /7438/ (1846)
– –   – – für Orchester /7502/ (1846)

1062 Der Günstling. Walzer   **1846**
Orig   Lumbye's Taenze. No. 21
Der Günstling. Walzer für das Pianoforte ...
Lpz., B&H /7448/ (1846).
Var   – – zu vier Händen /7449/ (1846)
– –   – – für Orchester /7503/ (1846)

1063 Reunions-Galop   **1846**
                                                                                        V:12
Orig   Lumbye's Taenze. No. 23
Reunions-Galopp für das Pianoforte componirt ...
Lpz., B&H /7524/ (1846). 7 S. Querfolio. Stich.
Var   – – zu vier Händen /7525/ (1846)
– –   – – für Orchester /7512/ (1846)

NU   Reunions-Galop. Kbh., Wilh. Hansen /3060/ (1874)

MANOEUVRE GALOP

FOR

PIANOFORTE

componeret

og

underdanigst tilegnet

Hans Kongelige Høihed

Kronprinds

FREDERIK CARL CHRISTIAN

af

H. C. Lumbye.

Forlæggernes Eiendom

KJÖBENHAVN

hos

Horneman & Erslev

Pr. 24 Sk.

1064	**Mein Lebewohl an Berlin. Walzer**	**1846**
Orig	Lumbye's Taenze. No. 24.	
	Mein Lebewohl an Berlin. Walzer für das Pianoforte ... Lpz., B&H /7526/ (1846). 9 S. Querfolio. Stich.	
Var	– – zu vier Händen /7527/ (1846)	
– –	– – für Orchester /7511/ (1846)	

1065	**Araberne. March**	**1846**
Orig	Trykt i: Udvalgte Dandse af yndede Componister udsatte for Een Violin. 11. Hefte. Kbh., Lose & Delbanco (okt. 1846). Pariserformat.	
NU	Araber-Marsch. Trykt i: Det grønne Hefte. Kbh., Olfert Jespersen, Musikforlag. 44. Aargang, Decemberhefte 1918.	

1066	**Manøvregalop**	**1846**
Orig	Manoeuvre Galop [litogr. scene] for Pianoforte ...Underdanigst tilegnet Hans Kongelige Höihed Kronprinds Frederik Carl Christian ... Kbh., hos Horneman & Erslev. Pr. 24 Sk. /-/ (nov. 1846). 3 s. Folio. Stik.	*BC*
TO	Titeloplag: H&E, WH	
NU	Manoeuvre-Galopp. – Taenze ... No. 86. Lpz., B&H /8457/ (1852). 5 S. Querfolio. Stich.	

1067	**Hilsen til Jylland. Polka**	**1846**
Orig	Hilsen til Jylland. Polka for Pianoforte ... Kbh., hos Horneman & Erslev. Priis 24 sk. /-/ (nov. 1846). 3 s. Folio. Stik.	
	Titelsiden, Em. Bærentzen & Co. lith. Inst., har brystbillede af Lumbye.	
Note	Skjerne s. 326: Adolphine Polka.	

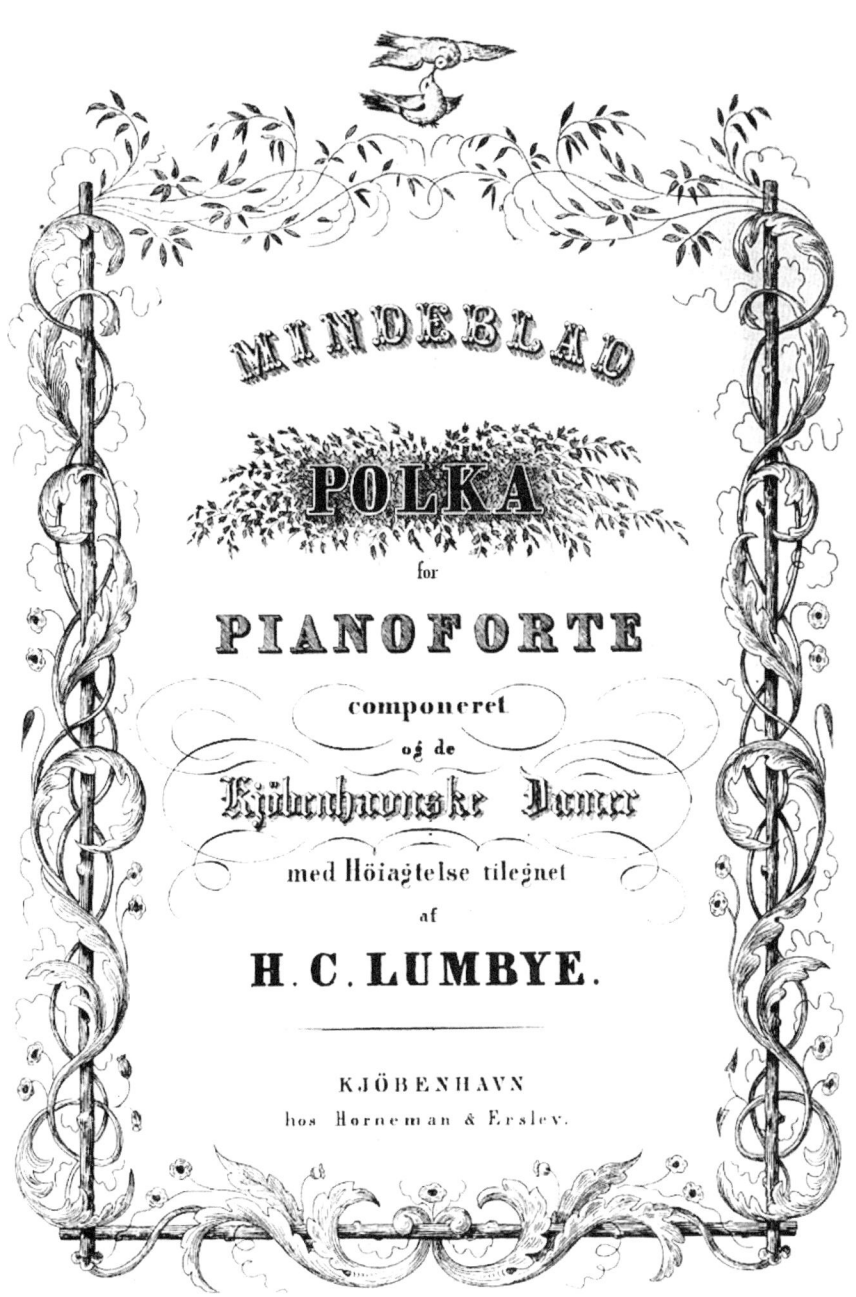

1068	**Taagebilleder. Tonemaleri**	**1846**
	Nebelbilder. Fantasie	*BC*
Orig	Taagebilleder. Tonemalerie i fire Billeder, Schweitzer Landskab, Storm paa Havet, Zigeunerleir, Kroningshöitid. For Pianoforte componeret ... Pr. 48 Sk. Forlæggernes Eiendom. Kbh., Horneman & Erslev. /-/ (dec. 1846). 7 s. Folio. Stik.	
NU	Nebelbilder. Phantasie ... Lpz., B&H /8385/ (1851)	
Var	– – zu vier Händen /8386/ (1851)	
– –	– – für Orchester /8409/ (1851)	
Note	I B&H-udgaven hedder det: Ites-IVtes Tableau: Schweizerlandschaft, Seesturm, Zigeunerlager, Krönungsfeier.	

1069 Casino-Polka af Horneman, arr. 1847

Casino-Polka for Pianoforte componeret og Agent Georg Carstensen venskabeligst tilegnet af *E. Horneman*. Kbh., hos Horneman & Erslev.
/-/ (jan. 1847). (3). s. Folio. Stik.
Titelside med billede af det nyåbnede Casino.

1070 Mindeblad. Polka 1847

Orig Mindeblad. Polka for Pianoforte componeret og de Kjöbenhavnske Damer med Höiagtelse tilegnet ... Kbh. hos Horneman & Erslev.
/-/ (jan. 1847). 3 s. 4to. Stik.

1071 Tivoli-Fest-Klänge. Walzer 1847

Orig Lumbye's Tänze. No. 25.
Tivoli-Fest-Klänge. Walzer für das Pianoforte componirt ... Lpz, B&H /7568/ (1847). 9 S. Querfolio. Stich.

Var – – zu vier Händen /7569/ (1847)

1072 Ornithobolaia-Galop 1847
Orig Lumbye's Tänze. No. 26
Ornithobolaia-Galopp für das Pianoforte ... Lpz., B&H
/7570/ (1847). Querfolio. Stich.
Var – – zu vier Händen /7571/ (1847)

1073 Isabella-Walzer 1847
Orig Lumbye's Tänze. No. 27.
Isabella-Walzer für das Pianoforte ...
Lpz., B&H /7572/ (1847). Querfolio. Stich.
Var – – zu vier Händen /7573/ (1847)

1074 Beduiner-Galop 1847
Orig Lumbye's Tänze. No. 28 *A*
Beduinen-Galopp für das Pianoforte ... *V:12*
Lpz., B&H /7574/ (1847). 7 S. Querfolio. Stich.

Var – – zu vier Händen /7575/ (1847)
Note Skjerne s. 362 anfører: Beduiner (Kabyler) Galop

1075 Frischka af Ph. Fahrbach, arr. 1847
Orig Frischka. Ungarsk Nationaldands. Arr. af H. C. Lumbye.
Trykt i Musikalsk Museum, årg. 1, hf. 10.
Kbh., Horneman & Erslev. (april 1847)

1076 Kopenhagener Casino-Walzer 1847
Orig Tänze ... von H. C. Lumbye. No. 29.
Kopenhagener Casino-Walzer.
Lpz., B&H /7644/ (1847) Querfolio. Stich.
Var – – zu vier Händen /7645/ (1847)

KJÖBENHAVNS

JERNBANE - DAMP - GALOP

for **Pianoforte**

componeret af

H. C. LUMBYE.

Forlæggernes Eiendom.

KJÖBENHAVN
paa Horneman & Erslev's Forlag.
Pr. 32 Sk.

1077	**Københavns Jernbane-Damp-Galop**	**1847**
Orig	Kjöbenhavns Jernbane-Damp-Galop for Pianoforte ... Forlæggernes Eiendom. Kbh., paa Horneman & Erslev's Forlag. Pr. 32 Sk. /-/ (juli 1847). 3 s. Folio. Stik. Litografisk titel med billede af lokomotivet Odin.	ABC
Var	Klaver 4hd, Wilhelm Hansen /5026/ (1884)	

1078	**Venetiansk Tambour Polka af G. Carstensen**	**1847**
Orig	Venetiansk Tambour Polka for Pianoforte componeret og Hr. Emil Horneman venskabeligst tilegnet af G. C. [i. e. Georg Carstensen]. Kbh. Forlagt af Horneman & Erslev. /-/ (aug. 1847). (3) s. Folio. Stik.	
Note	Skjerne s. 362 anfører: (Venetiansk Tappenstreg) arr. af Lumbye.	

1079	**Nordisk Union Galop**	**1847**
Orig	De Skandinaviske Naturforskere tilegnet. Nordisk Union Galop for Pianoforte componeret til Festen i Kjöbenhavns Tivoli for De Skandinaviske Naturforskere Juli 1847 ... Kbh. paa Horneman & Erslev's Forlag. /-/ aug. (1847). 3 s. Folio. Stik.	ABC
Var	Klaver 4hd, Wilhelm Hansen /5027/ (1884)	

1080	**Schlittenfahrt-Galopp**	**1847**
Orig	Tänze ... von H. C. Lumbye. No. 30 Schlittenfahrt-Galopp ... Lpz., B&H /7655/ (1847). Querfolio. Stich.	
Var	– – zu vier Händen /7656/ (1847)	
NU	Schlittenfahrt, Galop. Kbh., WH /-/ (nov. 1874)	

1081	**Nordlichte – Nordlys. Vals**	**1847**
Orig	Tänze ... von H. C. Lumbye. No. 31	*C*
	Nordlichte. Walzer.	*V:14*
	Lpz., B&H /7657/ (1847). 9 S. Querfolio. Stich.	
Var	– – zu vier Händen /7658/ (1847)	
NU	Nordlys-Vals. Kbh., Wihl. Hansen /3036/ (1874)	

1082	**Pergola-Galop**	**1847**
Orig	Tänze ... von H. C. Lumbye. No. 32	*V:14*
	Pergola-Galopp ...	
	Lpz., B&H /7659/ (1847/ 5 S. Querfolio. Stich.	
Var	– – zu vier Händen /7660/ (1847)	

1083	**Maritana. Dansescene**	**1847**
Orig	Maritana. Bolero og Vals for Pianoforte componeret og Frue H. C. Schütte født Ammitzbøl med Höiagtelse tilegnet ... Kbh., paa Horneman & Erslevs Forlag. /-/ (sept. 1847). 5 s. Folio. Stik.	
Note	Bournonvilles divertissement 'Maritana' blev opført på Hofteateret 15. april 1847.	

1084	**Künstler-Carnevals-Quadrille**	**1847**
Orig	Tänze ... von H. C. Lumbye. No. 33	
	Künstler-Carnevals-Quadrille ...	
	Lpz., B&H /7696/ (1847)	
Var	– – zu vier Händen /7697/ (1847)	

1085	**Veilchen-Polka**	**1847**
Orig	Tänze ... von H. C. Lumbye. No. 34	*V:14*
	Veilchen-Polka ...	
	Lpz., B&H /7698/ (1847). 5 S. Querfolio. Stich.	
Var	– – zu vier Händen /7699/ (1847)	

1086	**Lilie Polka**	**1847**
Orig	Damerne i Odense tilegnet.	
	Lilie Polka for Pianoforte … Kbh. Paa Horneman & Erslev's Forlag.	
	/-/ (nov. 1847). 3 s. Folio. Stik.	
NU	Lilien-Polka. Hamburg, Schuberth & Co. (1852)	
1087	**Hortensia-Galop**	**1847**
Orig	Hortensia. Galop for Pianoforte … Kbh., paa Horneman & Erslev's Forlag. Pr. 24 Sk.	
	/-/ (dec. 1847). 3 s. Folio. Stik.	
TO	I Musikalsk Museum, 2. årg. no. 7 (jan. 1848)	
1088	**Mindeblomst. Galop**	**1847**
Orig	Mindeblomst. Galop for Pianoforte … Kbh. paa Horneman & Erslev's Forlag.	
	/-/ (dec. 1847). 3 s. Folio. Stik	
1089	**Seraphinen-Walzer**	**1847**
Orig	Tänze … von H. C. Lumbye. No. 35.	
	Seraphinen-Walzer …	
	Lpz., B&H /7708/ (1847)	
Var	– – zu vier Händen /7709/ (1847)	
1090	**Castilianer-Galopp**	**1847**
Orig	Tänze … von H. C. Lumbye. No. 36	
	Castilianer-Galopp …	
	Lpz., B&H /7710/ (1847)	
Var	– – zu vier Händen /7711/ (1847)	
1091	**Alhambra-Vals**	**1848**
Orig	Taenze … von H. C. Lumbye. No. 37	
	Alhambra. Romantischer Walzer.	
	Lpz., B&H /7743/ (1848). 11 S. Querfolio. Stich.	
Var	– – zu vier Händen /7744/ (1848)	

1092	**Fortuna-Walzer**	**1848**
Orig	Tänze ... von H. C. Lumbye. No. 38 Fortuna-Walzer. Lpz., B&H /7745/ (1848)	
Var	– – zu vier Händen /7744/ (1848)	

1093	**Sanssouci-Galop**	**1848**
Orig	H. C. Lumbyes Tänze & Märsche ... Hbg., Schuberth & Co. Op. 18. Sanssouci-Galopp.	
Var	– – à 4 mains.	

1094	**Den Frivillige. Galop**	**1848**
Orig	De skandinaviske Frivillige tilegnet. [Vignet] Den Frivillige. Galop for Pianoforte ... Kbh., Paa Horneman & Erslev's Forlag. /-/ (aug. 1848). 5 s. Folio. Stik.	

1095	**Krigssang. Naar Hornet lyder; arr.**	**1848**
Orig	1848. Musikalske Erindringer for Pianoforte. ... No. 10. Krigssang: Naar Hornet lyder etc. Kbh., Paa Horneman & Erslev's Forlag. /-/ (aug. 1848). 3 S. Pariserformat. Stik.	
Note	Melodien er af Emil Horneman; den anonyme tekstdigter er Adolph Recke.	

1096	**Nattergalen af Emil Horneman, arr.**	**1848**
Orig	Emil Horneman: Eventyr af H. C. Andersen musikalsk skizzerede. No. 1. Nattergalen, Op. 12, 1. Kbh., Horneman & Erslev. /-/ (aug. 1848). 7 s. Folio. Stik.	
Note	Iflg. Skjerne s. 363 arr. for Orkester af Lumbye. – I udgaven s. 2: 'De musikalske Momenter af Eventyret, (see det Hele i Eventyr af H. C. Andersen 1ste Binds første Samling ... [19 linier tekst])'. – Ikke i BFN.	

1097	**Fahnenwacht-Marsch**	**1848**
Orig	Fahnenwacht-Marsch. Lpz. & New York, J. Schuberth & Co. Op. 15. Pianoforte à 2 mains.	
Var	– – zu vier Händen.	

1098	**Dansk Borgervæbnings Marsch**	**1848**
Orig	Gjenklange fra Klampenborg's og Tivoli's [vignet] Concert-Salons for Pianoforte. No. 17. Dansk Borgervæbnings Marsch ... Kbh., hos Horneman & Erslev. /-/ (nov. 1848). 3 s. Folio. Stik.	
Var	Trykt i: Musikalsk Museum, 3. årg. nr. 4. H&E (nov. 1848)	
Var	Tänze ... von H. C. Lumbye. No. 80 Mon Salut à St. Petersbourg. Marsch. Lps., B&H /8401/ (1851). 3 S. Querfolio. Stich.	

1099	**Jule-Polka – Elise Polka**	**1848**
Orig	Dandse for Pianoforte ... *Jule Polka* 24 Sk. – Nytaars Galop 24 sk. Kbh. Paa Horneman & Erslevs Forlag. /-/ (dec. 1848). 3 s. Folio. Stik.	
Var	Tänze ... von H. C. Lumbye. No. 75 Elise-Polka. Lpz., B&H /8396/ (1851)	

1100	**Nytaars Galop**	**1848**
Orig	Dandse for Pianoforte ... Jule Polka 24 sk. *Nytaars Galop* 24 sk. Kbh. Paa Horneman & Erslevs Forlag. /-/ (dec. 1848). 3 s. Folio. Stik.	BC

1101	**Matus Polka**	**1848**
Orig	Trykt i: Julehilsen til Store og Smaae fra danske Componister med Bidrag af Gade, Gebauer, Hartmann, Lumbye, Lövenskjold, Ravnkilde, Rée, Rongsted, Rung, Willmers. Kbh. Forlagt af C. C. Lose & Delbanco. /-/ (dec. 1848). 31 s. Pariserformat. Stik. – s. 14-15.	BC
Sep	TO Lose & Delbanco (feb. 1849)	

1102	**The Fairy-Queen. Galop**	**1849**
Orig	Rêveries du bal. Les danses les plus en vogue de la Saison 1849 … No. 1. Lumbye, the fairy queen, Galop. Cph., chez C. C. Lose & Delbanco … /2265/ (marts 1849). 3 s. Folio. Stik.	*V:14*

1103	**Augusta Polka Mazurka**	**1849**
Orig	Augusta Polka Mazurka for Pianoforte componeret og Kongelig Solodandserinde Jomf: Augusta Nielsen tilegnet … Kbh. Paa Horneman & Erslev's Forlag. /-/ (marts 1849). 3 s. Folio. Stik.	
NU	Tänze … von H. C. Lumbye. No. 76 Augusta-Polka-Mazurka. Lpz., B&H /8397/ (1851). 3 S. Querfolio. Stich.	

1104	**Caroline Polka Mazurka**	**1849**
Orig	Caroline Polka Mazurka for Pianoforte componeret og Kongelig Solodandserinde Jomfru Caroline Fjeldsted tilegnet … Kbh. Paa Horneman & Erslev Forlag. /-/ (juni 1849). 3 s. Folio. Stik.	*ABC*
NU	Taenze … von H. C. Lumbye. No. 94 Caroline-Polka-Mazurka Lpz., B&H /8519/ (1852). 3 S. Querfolio. Stich.	

1105	**Amager Polka**	**1849**
Orig	Gjenklange fra Tivoli og Casino … No. 33 Lumbye. Amager Polka. Strauss. Dame Souvenir Polka. Kbh., hos Horneman & Erslev. /-/ (juni 1849). (3). s. Folio. Stik.	
TO	i: Musikalsk Museum, 3 årg. no. 11. (juni 1849)	

1106	**Viola Polka Mazurka**	1849
Orig	Gjenklange fra Tivoli og Casino ... No. 36 Lumbye. Viola Polka Mazurka. Möller, C. Krakoviack Polka Mazurka. Kbh. hos Horneman & Erslev. /-/ (juli 1849). (3) s. Folio. Stik.	
TO	i: Musikalsk Museum, 3. årg. no. 12. (juli 1849)	

1107	**Rosenborg Polka Mazurka**	1849
Orig	Rosenborg Polka Mazurka for Pianoforte componeret og Hr. Balletmester Ridder Bournonville tilegnet ... Kbh. Paa Horneman & Erslev's Forlag. /-/ (aug. 1849). 3 s. Folio. Stik.	

1108	**Markeds Polka**	1849
Orig	Markeds Polka for Pianoforte ... Kbh. Paa Horneman & Erslev's Forlag. 24 Sk. /-/ (aug. 1849). 3 s. Pariserformat. Stik.	
NU	Gjenklange fra Tivoli og Casino ... Kbh. hos Horneman & Erslev. No. 35	
TO	i: Musikalsk Museum, 4. årg. no. 2 (sept. 1849)	
Note	Skjerne s. 364 anfører: Markeds (Tscherkessen)Polka.	

1109	**Magyaren-Galopp**	1849
Orig	Taenze ... von H. C. Lumbye. No. 39 Magyaren-Galopp Lpz., B&H /7788/ (1849)	V:15
Var	– – zu vier Händen /7789/ (1849)	

1110	**Luna-Walzer**	1849
Orig	Taenze ... von H. C. Lumbye. No. 40 Luna-Walzer. Lpz., B&H /7790/ (1849). 11 S. Querfolio. Stich.	
Var	– – zu vier Händen /7791/ (1849)	

1111	**Hamburger - Tonhalle - Polka**	**1849**
Orig	Taenze ... von H. C. Lumbye. No. 41	
	Hamburger-Tonhalle-Polka.	
	Lpz., B&H /7843/ (1849)	
Var	− − zu vier Händen /7844/ (1849)	

1112	**Alster - Ruder - Klänge. Walzer**	**1849**
Orig	Taenze ... von H. C. Lumbye. No. 42	
	Alster-Ruder-Klänge. Walzer.	
	Lpz., B&H /7845/ (1849)	
Var	− − zu vier Händen /7846/ (1849)	
Note	Skjerne s. 363 anfører: Regatta Fest (Alster Ruder Klänge)	
	Vals.	

1113	**Louisen-Galopp**	**1849**
Orig	Taenze ... von H. C. Lumbye. No. 43	
	Louisen-Galopp	
	Lpz., B&H /7847/ (1849)	
Var	− − zu vier Händen /7848/ (1849)	

1114	**Amande Walzer**	**1849**
Orig	Taenze ... von H. C. Lumbye. No. 44	*AC*
	Amande(n)-Walzer.	*V:15*
	Lpz., B&H /7849/ (1849)	
Var	− − zu vier Händen /7850/ (1849)	
NU	Amanda-Vals. Kbh., WH /3038/ (nov. 1874)	

1115	**Emilien-Polka**	**1849**
Orig	Taenze ... von H. C. Lumbye. No. 45	
	Emilien-Polka	
	Lpz., B&H /7887/ (1849)	

1116	**Marseillaisen-Galopp**	**1849**
Orig	Taenze ... von H. C. Lumbye. No. 46 Marseillaisen-Galopp Lpz., B&H /7890/ (1849)	
Var	– – zu vier Händen /7891/ (1849)	

1117 La Recreation Walzer   **1849**
Orig   Taenze ... von H. C. Lumbye. No. 47
        La Recreation. Walzer
            Lpz., B&H /7911/ (1849)

Var   – – zu vier Händen /7912/ (1849)
Note   Skjerne s. 362 anfører: Recreations Vals.

1118 Rosenthal Walzer   **1849**
Orig   Taenze ... von H. C. Lumbye. No. 48
        Rosenthal-Walzer
            Lpz., B&H /7918/ (1849)
            S. Quierfolio. Stich.

Var   – – zu vier Händen /7919/ (1849)

NU   Rosenthal, Vals. Kbh., WH /3037/ (nov. 1874)
Note   Skjerne s. 3 anfører: Rosendalen, Vals.

1119 Bellona-Galopp   **1849**
Orig   Taenze ... von H. C. Lumbye. No. 49
        Bellona-Galopp
            Lpz., B&H /7926/ (1849). 5 S. Querfolio. Stich.

Var   – – zu vier Händen /7927/ (1849)

1120 La Reine du Bal. Walzer   **1849**
Orig   Taenze ... von H. C. Lumbye. No. 50
        La reine du bal. Walzer.
            Lpz., B&H /7928/ (1849)

Var   – – zu vier Händen /7929/ (1849)

1121	**Flora-Polka**	**1849**
Orig	Taenze ... von H. C. Lumbye. No. 51	*V:16*
	Flora-Polka	
	Lpz., B&H /7930/ (1849)	

NU Nye Polkaer og Galopper ... No. 5. Lumbye.
 Flora Polka. Kbh. Forlagt af J. Cohen.
 /-/ (dec. 1849). 3 s. Pariserformat. Stik.

Var – – zu vier Händen. B&H /7931/ (1849)

1122	**Vigorosa-Walzer**	**1849**
Orig	Taenze ... von H. C. Lumbye. No. 52	
	Vigorosa-Walzer.	
	Lpz., B&H /7932/ (1849). 11 S. Querfolio. Stich.	

Var – – zu vier Händen /7933/ (1849)
Note Skjerne s. 364 anfører: Vigorosa (Den Fyrige) Vals.

1123	**Amalia-Walzer**	**1849**
Orig	Taenze ... von H. C. Lumbye. No. 53	
	Amalia-Walzer	
	Lpz., B&H /7955/ (1849)	
Var	– – zu vier Händen /7956/ (1849)	
	– – Violine und Pfte. /10946/ (1866)	

1124	**Amoretten-Galop**	**1849**
Orig	Taenze ... von H. C. Lumbye. No. 54	*V:17*
	Amoretten-Galopp	
	Lpz., B&H /7957/ (1849)	

Var – – zu vier Händen /7958/ (1849)

1125	**Arabella-Walzer**	**1849**
Orig	Taenze ... von H. C. Lumbye. No. 55	*C*
	Arabella-Walzer	*V:16*
	Lpz., B&H /7959/ (1849)	

Var	– – zu vier Händen /7960/ (1849)	
NU	Arabella-Vals. Kbh., WH /3048/ (nov. 1874)	

1126 **Kathinka Polka Mazurka**   **1849**
Orig   Taenze ... von H. C. Lumbye. No. 56   *V:17*
         Kathinka-Polka-Mazurka
         Lpz., B&H /8097/ (1849). 3 S. Querfolio. Stich.

Var   – – zu vier Händen /8098/ (1849)

1127 **La Petite Trompette. Galopp**   **1849**
Orig   Taenze ... von H. C. Lumbye. No. 57
         La petite Trompette. Galopp
         Lpz., B&H /8099/ (1849)

Var   – – zu vier Händen /8100/ (1849)

1128 **Jul og Nytaar, Bal-Bouquet**   **1849**
      a: Juleaften. Vals
      b: Philippine. Polka
      c: Balfeber. Polka-Mazurka   *c: BC*
      d: Glædeligt Nytaar. Galop

Orig   Juul og Nytaar, Bal-Bouquet ... Kbh., Paa Horneman & Erslev's Forlag. Stockholm hos Abr. Hirsch. Complet 80 Sk.
         /-/ (dec. 1849). 11 s. Folio. Stik.
         Over hver dans er trykt et toliniet vers. Rigt forsiret titelside med kunstnerisk ramme, deri to musikalske vignetter; forneden midtpå en dansescene. – En forløber for Lette Danse.
Sep   No. 1-4; Horneman & Erslev.

NU   c: Tänze ... von H. C. Lumbye. No. 98
         Ballfieber-Polka-Mazurka
         Lpz., B&H /8523/ (1852)

1129	**Nytaarsnat. Polka Mazurka**	**1850**
Orig	Trykt i: Musikalsk Museum, 4 årg. no. 8 (marts 1850). 1 s. Folio. Stik.	

1130	**Maria Polka**	**1850**
Orig	H. C. Lumbye's Dandse for Pianoforte. ... No. 24 Kbh. Paa Horneman & Erslev's Forlag. /-/ (maj 1850). 3 s. Folio. Stik.	
NU	Taenze ... von H. C. Lumbye. No. 81 Maria-Polka Lpz., B&H /8402/ (1851)	

1131	**Jenny Polka**	**1850**
Orig	H. C. Lumbye's Dandse for Pianoforte ... No. 30 Kbh. Paa Horneman & Erslev's Forlag. /-/ (maj 1850). 3 s. Folio. Stik.	

1132	**Lisbeth Walzer**	**1850**
Orig	Taenze ... von H. C. Lumbye. No. 58 Lisbeth-Walzer Lpz., B&H /8128/ (1850)	
Var	– – zu vier Händen /8129/ (1850)	

1133	**Sympathie-Polka**	**1850**
Orig	Taenze ... von H. C. Lumbye. No. 59 Sympathie-Polka Lpz., B&H /8130/ (1850) Querfolio. Stich.	
Var	– – zu vier Händen /8131/ (1850)	
NU	Nye Polkaer & Galopper for Pianoforte. No. 11. Lumbye. Sympathi Polka. Kbh. J. Cohen. /-/ (1850). 3 s. Pariserformat. Stik.	

1134	**Erinnerung an Joh. Strauss. Walzer**	**1850**
Orig	Taenze ... von H. C. Lumbye. No. 60	
	Erinnerung an Johann Strauss. Walzer.	
	Lpz., B&H /8155/ (1850)	
Var	– – zu vier Händen /8156/ (1850)	
Note	Skjerne s. 364 anfører: Souvenir de Johann Strauss.	

1135	**Anna-Polka**	**1850**
Orig	Taenze ... von H. C. Lumbye. No. 61	*V:17*
	Anna-Polka.	
	Lpz., B&H /8157/ (1850). 3 S. Querfolio. Stich.	
Var	– – zu vier Händen. /8158/ (1850)	
NU	Nye Polkaer & Galopper for Pianoforte.	
	No. 8. Lumbye. Anna Polka. Kbh. J. Cohen (1850)	

1136	**Sylphiden-Walzer**	**1850**
Orig	Taenze ... von H. C. Lumbye. No. 62	
	Sylphiden-Walzer	
	Lpz., B&H /8204/ (1850). 11 S. Querfolio. Stich.	
Var	– – zu vier Händen /8205/ (1850)	

1137	**Baladine-Galopp**	**1850**
Orig	Taenze ... von H. C. Lumbye. No. 63	*V:18*
	Baladine-Galopp	
	Lpz., B&H /8206/ (1850). 5 S. Querfolio. Stich.	
Var	– – zu vier Händen /8207/ (1850)	

1138	**Diana-Walzer**	**1850**
Orig	Taenze ... von H. C. Lumbye. No. 64	
	Diana-Walzer	
	Lpz., B&H /8208/ (1850)	
Var	– – zu vier Händen /8209/ (1850)	

1139	**Sophie-Polka**	**1850**
Orig	Taenze ... von H. C. Lumbye. No. 65 Sophien-Polka Lpz., B&H /8210/ (1850). 5 S. Querfolio. Stich.	V:18
Var	– – zu vier Händen /8211/ (1850)	
NU – –	Kbh. Horneman & Erslev /-/ (okt. 1850) J. Cohen /-/ (okt. 1850)	

1140	**Elvira Polka Mazurka**	**1850**
Orig	H. C. Lumbyes Dandse for Pianoforte. No. 29 Elvira Polka-Mazurka. Kbh. Paa Horneman & Erslev's Forlag. /-/ (aug. 1850). 3 s. Folio. Stik.	
Par	Taenze ... von H. C. Lumbye. No. 96 Elwira-Polka-Mazurka. Lpz., B&H /8521/ (okt. 1852) Querfolio	

1141	**Rosalien-Walzer**	**1850**
Orig	Taenze ... von H. C. Lumbye. No. 66 Rosalien-Walzer. Lpz., B&H /8375/ (1850) Querfolio.	V:19
NU	Rosalie-Vals. Kbh., WH /3057/ (nov. 1874)	

1142	**Erindringer fra St. Petersborg. Danse**	**1850**
	a: Petersborgerinden. Polka	a: C
	b: Petersborger Champagne Galop	b: BC
	c: Rosalie Polka	c: V 20
	d: Sophie Vals	d: BC
	e: Amoroso Polka Mazurka	
Note	Udkom som enkeltudgaver med fælles titelside i litografi, i sirlig ramme med tre deskriptive scener.	
Orig a:	Erindringer fra St. Petersborg. Dandse for Pianoforte. No. 1. Petersborgerinden. Polka. Kbh. Paa Horneman & Erslev's Forlag.	

b:		/-/ (nov. 1850). 3 s. Folio. Stik. – – No. 2. Petersborger Champagne Galop. Ibidem. /218/ (nov. 1850). 5 s. folio. Stik.
c:		– – No. 3. Rosalie Polka. Ibidem. /219/ (nov. 1850). 3 s. Folio. Stik.
d:		– – No. 4. Sophie Vals. Ibidem. /222/ (nov. 1850). 7 s. Folio. Stik.
e:		– – No. 5. Amoroso Polka-Mazurka. Ibidem. /228/ (dec. 1850). 3 s. Folio. Stik.

TO 1-5: H&E; – Wilh. Hansen.

Par Taenze … von H. C. Lumbye. No. 70
b: Petersburger Champagner-Galopp
    Lpz., B&H /8379/ (1851). Querfolio. Stich.
c: Taenze … von H. C. Lumbye. No. 87
    Rosalie-Polka
    Lpz., B&H /8462/ (1852). Querfolio. Stich.
d: Taenze … von H. C. Lumbye. No. 88
    Sophien-Walzer
    Lpz., B/H /8513/ (1852). 11 S. Querfolio. Stich.

Var b:
    Petersburg new Champagne galop. (Orchestral parts). London (1873)
– – The New Champagne Galop. Arr. for Piano by H. Bertrand. London (1863). Folio.
– – Petersburg or New Champagne galop. For pianoforte. London (1873). Folio …

1143   To Danse i 'Børneballet' 1. Hefte   **1850**
    a: Velkommen. Polka Mazurka   *a: BC*
    b: Hopsa Galop

Orig Trykt i: Børneballet. Lette Dandse [No. 1-4] for Pianoforte af H. C. Lumbye og E. Horneman. Kbh. Paa Horneman & Erslev's Forlag.
    /224/ (dec. 1850). 7 s. Folio. Stik.

1144	**Luftens Datter. Fire Danse**	**1851**
	a: Azurine Vals	*a: V 20*
	b: Zigzag Polka	*b: A, V 19*
	c: Lucette Polka Mazurka	*c: BC*
	d: Boreas Storm Galop	
Note	Udkom som enkeltudgaver med fælles titelside i litografi, i forsiret ramme.	

Orig   Luftens Datter. Fire Dandse for Pianoforte No. 1. Azurine
             Vals ... Paa Horneman & Erslevs Forlag.
             /238/ (marts 1851). 5 s. Folio. Stik.
             S. 2: Mad. Rosenkilde tilegnet.
b: – – No. 2. Zigzag Polka. Ibidem.
             /239/ (marts 1851). 3 s. Folio. Stik.
             - S. 2: Mad.me B. Smidth tilegnet
c: – – No. 3. Lucette Polka Mazurka. Ibidem.
             /244/ (april 1851). 3 s. Folio. Stik.
d: – – No. 4. Boreas Storm Galop. Ibidem
             /244/ (april 1851). 5 s. Folio. Stik.
             - S. 3: Hr. A. Rosenkilde tilegnet

Par   Taenze ... von H. C. Lumbye. No. 83
a: Azurine-Walzer
             Lpz., B&H /8454/ (1852). 11 S. Querfolio. Stich.
b: Taenze ... von H. C. Lumbye. No. 72
             Zickzack-Polka
             Lpz., B&H /8381/ (1851). Querfolio. Stich.
c: Taenze ... von H. C. Lumbye. No. 99
             Lisette Polka-Mazurka
             Lpz., B/H /8524/ (1852). Querfolio. Stich.

1145	**Peters Polka**	**1851**
Orig	H. C. Lumbyes Dandse for Pianoforte. ... No. 32. Peters Polka. ... Kbh. Paa Horneman & Erslevs Forlag. /-/ (juni 1851). 3 s. Folio. Stik. S. 2: Hr. Inspecteur P. Faber tilegnet.	
Var	Trykt i: Musikalsk Museum, 5. årg. nr. 9.	

1146	**Sang i "For Alvor"**	**1851**
	Polka Mazurka	
	"Tilgiv, min Herre" A. Recke.	
Orig	Trykt i: For Alvor. Vaudeville ... [klaverudtog]	
	Kbh. Paa Horneman & Erslevs Forlag.	
	/249/ (juni 1851]). - S. 10	
Sep	H&E /249/ (juni 1851). - Tekst: Ad. Recke.	

1147	**Tamino Polka**	**1851**
Orig	Trykt i: Musikalsk Museum, 6. årg. nr. 1.	
	Kbh. hos Horneman & Erslev.	
	/6.1/ (aug. 1851).	
Par	Taenze ... von H. C. Lumbye. No. 85	
	Tamino-Polka	
	Lpz., B&H /8456/ (1852). Querfolio. Stich.	

1148	**Alexander Polka Mazurka**	**1851**
Orig	Taenze ... von H. C. Lumbye. No. 67	
	Alexander Polka-Mazurka.	
	Lpz., B&H /8376/ (1851). Querfolio. Stich.	

1149	**Rosa-Walzer**	**1851**
Orig	Taenze ... von H. C. Lumbye. No. 68	*A*
	Rosa-Walzer.	
	Lpz., B&H /8377/ (1851). Querfolio. Stich.	
NU	Rosa-Vals. Kbh., WH /3058/ (nov. 1874)	

1150	**Agnes-Polka**	**1851**
Orig	Taenze ... von H. C. Lumbye. No. 69	*V:19*
	Agnes-Polka	
	Lpz., B&H /8378/ (1851). Querfolio. Stich.	

1151	**En Avant. Marsch**	1851
Orig	Taenze ... von H. C. Lumbye. No. 71 En Avant. Marsch Lpz., B&H /8380/ (1851). Querfolio. Stich.	
Note	Skjerne s. 367, cf. s. 365: = Velkomsthilsen (til de danske Krigere).	

1152	**Fieberträume. Walzer. – Feberdrømme**	1851
Orig	Taenze ... von H. C. Lumbye. No. 73 Fieberträume. Walzer. Lpz., B&H /8394/ (1851). 9 S. Querfolio. Stich.	

1153	**Salut Galop**	1851
Orig	Trykt i: Musikalsk Museum, 5. årg. nr. 2. Kbh., hos Horneman & Erslev. /-/ 5.2./ (sept. 1850)	BC
Par	Taenze ... von H. C. Lumbye. No. 74 Salut Galopp. Lpz., B&H (8395/ (1851). Querfolio. Stich.	

1154	**Souvenir de Peterhof. Marsch**	1851
Orig	Taenze ... von H. C. Lumbye. No. 77 Souvenir de Peterhof. Marsch. Lpz., B&H /8398/ (1851)	

1155	**Rosa Polka**	1851
Orig	Taenze ... von H. C. Lumbye. No. 78 Rosa Polka. Lpz., B&H /8399/ (1851). Querfolio. Stich.	
NU	Kbh., WH /-/ (1874). 3 s. Folio.	

1156	**Maria-Marianna-Walzer**	1851
Orig	Taenze ... von H. C. Lumbye. No. 79 Lpz., B&H /8400/ (1851). 9 S. Querfolio. Stich.	

1157	**Christiane-Polka**	**1852**
Orig	Taenze ... von H. C. Lumbye. No. 82	*V:20*
	Lpz., B&H /8453/ (1852). 3 S. Querfolio. Stich.	
1158	**Den Lyseblaa. Polka Mazurka, arrangeret**	**1852**
Orig	Trykt i: Musikalsk Museum, 7. årg. nr. 2.	*BC*
	Kbh., Horneman & Erslev.	
	/7.2./ (sept. 1852). (2) s. Folio. Stik.	
1159	**David Polka**	**1852**
Orig	Taenze ... von H. C. Lumbye. No. 89	*V:21*
	Lpz., B&H /8514/ (1852). 3 S. Querfolio. Stich.	
1160	**Thora Galop**	**1852**
Orig	Taenze ... von H. C. Lumbye. No. 90	
	Lpz., B&H /8515/ (1852). 3 S. Querfolio. Stich.	
1161	**Julie Polka Mazurka**	**1852**
Orig	Taenze ... von H. C. Lumbye. No. 91	*V:22*
	Lpz., B&H /8516/ (1852). Querfolio. Stich.	
1162	**Friederiken-Galopp**	**1852**
Orig	Taenze ... von H. C. Lumbye. No. 92	
	Lpz., B&H /8517/ (1852). Querfolio. Stich.	
1163	**Louisen Walzer**	**1852**
Orig	Taenze ... von H. C. Lumbye. No. 93	
	Lpz., B&H /8518/ (1852). Querfolio. Stich.	
1164	**Charlotten-Galopp**	**1852**
Orig	Taenze ... von H. C. Lumbye. No. 95	
	Lpz., B&H /8520/ (1852). Querfolio. Stich.	

1165	**Marien-Galopp – Mary Galop**	1852
Orig	Taenze ... von H. C. Lumbye. No. 97	
	Lpz., B&H /8522/ (1852). Querfolio. Stich.	
Note	Skjerne s. 365 anfører: Mary Galop.	

1166	**Triumph-Marsch**	1852
Orig	Taenze ... von H. C. Lumbye. No. 100	
	Lpz., B&H /8525/ (1852). 5 S. Querfolio. Stich.	
Note	Skjerne s. 365 anfører: Triumph Marsch, tilegnet den danske Armé.	

1166A	**Romance af 'God rolig Nat'. Sang**	1852
Orig	Trykt i: Musikalsk Museum, årg. 6, nr. 12	
	Kbh., Horneman & Erslev	
	/6.12/ (juli 1852), s. 48	
	"Fremtid og Afstand skal ikke mægte"	
Note	Vaudevillen 'God rolig Nat', Hr. Pantalon!' med musik af Alb. Grisar opførtes fra 18. april 1852 på Casino, oversat af P. Chiewitz og Ad. Recke.	

1167	**Berliner Polka**	1852
Orig	H. C. Lumbye's Tänze & Märsche für das Pianoforte.	
	Op. 17. Berliner Polka. Leipzig & New York.	
	J. Schuberth & Co. (1852). Folio.	

1168	**Roland-Marsch**	1852
Orig	H. C. Lumbye ... som ovenfor:	
	Op. 20. Roland Marsch. Ibidem ...	

1169	**Pariser Sommernacht Quadrille**	1852
Orig	H. C. Lumbye ... som ovenfor:	
	Op. 21. Pariser Sommernacht-Quadrille. Ibidem.	
Note	Skjerne s. 362 anfører: Pariser Quadrille.	

1170	**Minne-Polka**	**1852**
Orig	H. C. Lumbye ... som ovenfor:	
	Op. 22. Minne Polka. Ibidem.	

1171	**Pauline-Polka**	**1852**
Orig	Trykt i: Musikalsk Museum, 7 årg. nr. 5.	
	Kbh., Horneman & Erslev.	
	/7.5./ (dec. 1852), side 20.	

1172	**Spilop Galop**	**1852**
Orig	Trykt i: Børneballet ... Lette Dandse for Pianoforte. 2det Hefte. ... Kbh., Horneman & Erslev.	
	/300/ (dec. 1852), side 5.	
Note	Over noderne står: Incognito. Skjerne s. 365 anfører Lumbye som komponist.	

1173	**Hamburger Polka**	**1853**
Orig	H. C. Lumbye's Tänze & Märsche für das Pianoforte Op. 19. Hamburger Polka. Leipzig & New York. J. Schuberth & Co. Folio.	

1174	**Cäcilien Walzer**	**1853**
Orig	Taenze ... von H. C. Lumbye. No. 101	*C V:21*
	Lpz., B&H /8624/ (1853). 11 S. Querfolio. Stich.	
	S. 3: Frau Cäcilie Geissler zugeeignet.	
NU	Cæcilie Vals. Kbh., WH /3054/ (nov. 1874)	

1175	**Künstler - Verein-Quadrille**	**1853**
Orig	Täenze ... von H. C. Lumbye. No. 102	
	Lpz., B&H /8625/ (1853). 7 S. Querfolio. Stich.	

1176	**Chinesischer Glöckchen-Galopp**	**1853**
	Kinesisk Klokke-Galop	
Orig	Täenze ... von H. C. Lumbye. No. 103	
	Lpz., B&H /8626/ (1853). 5 S. Querfolio. Stich.	

1177	**Dania Polka**	1853
Orig	Taenze ... von H. C. Lumbye. No. 104 Lpz., B&H /8627/ (1853). 3 S. Querfolio. Stich.	

1178	**Huldigungs-Marsch**	1853
Orig	Taenze ... von H. C. Lumbye. No. 105 Lpz., B&H /8628/ (1853). 3 S. Querfolio. Stich.	

1179	**Der Traum des Savoyarden. Fantasie** **Savoyardens Drøm. Fantasi**	1853
Orig	Der Traum des Savoyarden. Phantasie für Orchester. Arrangement für das Pianoforte. Lpz., Breitkopf & Härtel. /8688/ (1853). 23 s. Folio.	
Var	– – zu vier Händen /8689/ (1853)	
– –	– – für Orchester. Partitur /8695/ + 19 Stimmen.	

1180	**Rød Champagne Galop**	1853
Orig	Trykt i: Musikalsk Museum, årg. 7, no. 8. Kbh., Horneman & Erslev /7.8./ (marts 1853). s. 32.	
Note	Skjerne s. 366 anfører: anonym, arr. af Lumbye.	

1181	**Roselille Polka**	1853
Orig	Trykt i: Musikalsk Museum, årg. 7, no. 9. Kbh., Horneman & Erslev /7.9./ (marts 1853). s. 34-35.	
Note	Skjerne s. 366 anfører: anonym, arr. af Lumbye.	

1182	**Godt Humør. Sang**	1853
Orig	Godt Humeur. Sang af R. Med Pianoforte eller Guitar. Kbh., H. P. Møller. /-/. 1 S.	

1183	**La Coquette. Walzer**	1853
Orig	Taenze ... von H. C. Lumbye. No. 106 Lpz., B&H /8744/ (1853). 11 S. Querfolio. Stich.	
Note	Cf. nr. 1240	

1184	**Petrine-Galopp**	1853
Orig	Taenze ... von H. C. Lumbye. No. 107	
	Lpz., B&H /8745/ (1853). 5 S. Querfolio. Stich.	

1185	**Therese-Polka**	1853
Orig	Taenze ... von H. C. Lumbye. No. 108	V:22
	Lpz., B&H /8746/ (1853). 5 S. Querfolio. Stich.	

1186	**Amaryllis-Walzer**	1853
Orig	Taenze ... von H. C. Lumbye. No. 109	
	Lpz., B&H /8747/ (1853). 11 S. Querfolio. Stich.	

1187	**Henriette-Polka**	1853
Orig	Taenze ... von H. C. Lumbye. No. 110	
	Lpz., B&H /8748/ (1853). 3 S. Querfolio. Stich.	

1188	**Kanonen-Galopp**	1853
Orig	Taenze ... von H. C. Lumbye. No. 111	
	Lpz., B&H /8749/ (1853). Querfolio. Stich.	

1189	**Mabille-Polka**	1853
Orig	Taenze ... von H. C. Lumbye. No. 112	
	Lpz., B&H /8759/ (1853). 3 S. Querfolio. Stich.	
Note	Skjerne s. 365 anfører: Chez Mabille Polka.	
Var	Mabile-Polka, für das Piano Forte. London, Cramer, Beale & Co. (ca. 1855). (3) p. Folio.	

1190	**To Danse i 'Børneballet' 3. Hefte**	1853
	a: Tommeliden Polka	
	b: Jule Galop	
Orig	Trykt i: Børneballet ... Lette Dandse for Pianoforte. 3die Hefte – Pr. 48 Sk. Kbh., hos Horneman & Erslev ... /352/ (dec. 1853) 7 s. Folio. Stik.	

71

Note	Som komponist anføres 'Lumley'. Forlagskataloger o. 1. - samt Skjerne - optager dem under Lumbye.	

1191 Glædelig Jul Polka Mazurka 1853
Orig Trykt i: Juleballet ... Lette Dandse for Pianoforte. Kbh. Paa
 Horneman & Erslev's Forlag.
 /262/ (dec. 1853). 9 s. Folio. Stik.

1192 Toilet Polka Mazurka 1854
Orig Trykt i: Musikalsk Museum, årg. 8 nr. 9. Kbh.
 Horneman & Erslev. /8.9./ (april 1854).

1193 Entree-Marsch 1854
Orig Trykt i: Cotillon, Marsch, Vals, Polka, Polka-Mazurka, Ga- *BC*
 lop af A. F. Lincke, H. C. Lumbye, C. C. Møller, Th.
 Oldehaver og -1. -e. Kbh. Forlagt af Immanuel Rée.
 /-/ (1854). 13 s. Folio. Stik.
 Forsiret titelside i litografi med dansescene.
Note Fodnote s. 3: Denne Marsch er hidtil spillet under Navnet
 "5te Juni-Festmarsch". Cf. Skjerne s. 365.

TO Kbh., J. Cohen

1194 Bryllups Polka 1854
Orig Trykt i: Musikalsk Museum, årg. 9 nr. 1. Kbh., Horneman &
 Erslev. /9.1./ (aug. 1854) S. 4.

1195 Undine Walzer 1854
Orig Taenze ... von H. C. Lumbye. No. 113
 Lpz., B&H /8815/ (1854). Querfolio. Stich.

1196 Ida Polka 1854
Orig Taenze ... von H. C. Lumbye. No. 114
 Lpz., B&H /8816/ (1854). Querfolio. Stich.

1197	**Frühlingsgrüsse. Sommerhilsen. Galop**	1854
Orig	Taenze ... von H. C. Lumbye. No. 115	
	Lpz., B&H /8817/ (1854). 5 S. Querfolio. Stich.	
	Kopftitel: Frühlingsgrüsse. (Sommerhilsen) Galopp.	

1198	**Pomona-Walzer**	1854
Orig	Taenze ... von H. C. Lumbye. No. 116	
	Lpz., B&H /8818/ (1854). Querfolio. Stich.	

1199	**Tivoli-Carneval-Polka**	1854
Orig	Taenze ... von H. C. Lumbye. No. 117	
	Lpz., B&H /8819/ (1854). 5 S. Querfolio. Stich.	

1200	**Kehraus-Galopp**	1854
Orig	Taenze ... von H. C. Lumbye. No. 118	
	Lpz., B&H /8902/ (1854). 3 S. Querfolio. Stich.	

1201	**Caroline-Polka**	1854
Orig	Taenze ... von H. C. Lumbye. No. 119	
	Lpz., B&H /8903/ (1854). 3 S. Querfolio. Stich.	

1202	**Anna-Polka-Mazurka**	1854
Orig	Taenze ... von H. C. Lumbye. No. 120	
	Lpz., B&H /8904/ (1854). 3 S. Querfolio. Stich.	

1203	**Augustas Erinnerungs-Polka**	1854
Orig	Taenze ... von H. C. Lumbye. No. 121	
	Lpz., B&H /8905/ (1854). 3 S. Querfolio. Stich.	

1204	**Amor und Psyche. Walzer**	1854
Orig	Taenze ... von H. C. Lumbye. No. 122	
	Lpz., B&H /8906/ (1854). Querfolio. Stich.	

1205	**Georgine-Polka**	**1854**
Orig	Taenze ... von H. C. Lumbye. No. 123	V:23
	Lpz., B&H /8907/ (1854). 3 S. Querfolio. Stich.	

1206	**Bacchus-Galopp**	**1854**
Orig	Taenze ... von H. C. Lumbye. No. 124	AC
	Lpz., B&H /8908/ (1854). 3 S. Querfolio. Stich.	V:24

1207	**Amalie-Polka**	**1854**
Orig	Taenze ... von H. C. Lumbye. No. 125	
	Lpz., B&H /8909/ (1854). Querfolio. Stich.	

1208	**Eugenie-Walzer.**	**1854**
Orig	Taenze ... von H. C. Lumbye. No. 126	AC
	Lpz., B&H /9002/ (1854). 9 S. Querfolio. Stich.	

NU   Eugenie-Vals. (Speildands af La Ventana).
    Kbh., Wilh. Hansen /5097/ (1880). 7 s. Folio.
Note Aug. Bournonvilles divertissement 'La Ventana' førsteopførtes på Det kgl. Teater 19. juni 1854.
    Det består af: Introduction, Tempo di Bolero, Walzer, Finale.

1209	**Henriette-Galopp**	**1854**
Orig	Taenze ... von H. C. Lumbye. No. 127	
	Lpz., B&H /9003/ (1854). 5 S. Querfolio. Stich.	

1210	**Christa-Walzer**	**1854**
Orig	Taenze ... von H. C. Lumbye. No. 128	
	Lpz., B&H /9004/ (1854). Querfolio. Stich.	

1211	**Sølvbryllups-Polka – Silberne Hochzeit-Polka**	**1854**
Orig	Taenze ... von H. C. Lumbye. No. 129	V:25
	Lpz., B&H /9005/ (1854). 5 S. Querfolio. Stich.	

Note	Kopftitel: Silberne Hochzeit-Polka. Componirt und Ihren Königlichen Hoheiten dem Erbprinzen von Dänemark Friedrich Ferdinand und seiner hohen Gemahlin der Prinzessin Caroline unterthänigst gewidmet ...	

1212 Johanna-Walzer 1854

Orig Taenze ... von H. C. Lumbye. No. 130
Lpz., B&H /9006/ (1854). 11 S. Querfolio. Stich.

Note Kopftitel: Fraülein Johanna Bierlich gewidmet.

1213 Farbenspiel-Galopp 1854

Orig Taenze ... von H. C. Lumbye. No. 131
Lpz., B&H /9007/ (1854). 11 S. Querfolio. Stich.

Note Skjerne s. 366: Prof. Mayers phantasmagoriske Farvespil. Galop˙

1214 Inclinations Vals 1854

Orig Trykt i: Juleballet ... Lette Dandse for Pianoforte. 2det Hefte ... Kbh. Paa Horneman & Erslevs Forlag. /378/ (dec. 1854). 7 s. Folio. Stik.

1215 Den Femtenaarige. Sang 1855

Orig Den Femtenaarige. Sang i Polka-Tact af A. R.
[i. e. Ad. Recke]. Kbh., Th. Gandrups Forlag.
Fölgeblad til Ydun No. 2.
/-/ (januar 1855). (4) s. Folio.
"Atter vor Juul fra sit Vinterskjul"

1216 En Æblekone. Sang 1855

Orig En Æblekone. Fastelavns Vise af A. R. og H. C. Lumbye.
Kbh., Th. Gandrups Forlag. Fölgeblad til Ydun No. 8.
Tempo di Sextour.
/-/ (februar 1855). 2 S. Folio. Stik.
"Luk op, luk op, Du Pigelil"

1217	**Skotlands Rose. Vals**	1855
Orig	Trykt i: Musikalsk Museum, årg. 9 nr. 7. Kbh., Horneman & Erslev. /9.7./ (februar 1855). S. 26-27. (Vals af Lumley)	

1218	**En Vaarvise. Sang**	1855
Orig	En Vaarvise. Ord af A. R. [Ad. Recke]. Følgeblad til Ydun No. 21. 1 s. Folio. Stik. (maj 1855) "Nu lufter Zephyr blødelig"	

1219	**En Kanetur. Romance-Cyclus af A. R.**	1855

    a: Til Bellevue
        Du har saa ofte sagt mig
    b: Ved Bordet
        Velkommen derude fra den isnende Luft
    c: Dandsen. Tempo di Valse
        Hvad er det for en sælsom Magt
    d: Erklæringen
        Kom og sæt dig ned!
    e: Til Byen
        Men det er silde

Orig   En Kanetour. Romance-Cyclus af A. R. [Ad. Recke]. Componeret for Pianoforte … Forlæggerens Eiendom. Pr. 72 sk. Kbh. forlagt af J. Cohen.
/-/ (juni 1855). 9 s. Folio. Stik.
- Litogr. titelside med vignetter, der illustrerer sangene. Teksthefte. Kbh., H. P. Møller. 1855. 8 s. 8vo.

1220	**Længsel efter Balles. Sang**	1855
Orig	Længsel efter Ballet. Tilegnet Frøken C. S. Følgeblad til Ydun No. 35. (aug. 1855). 1 s. Folio. Stik. + tekstblad, sign. A. C. Tempo di Valse. "Regnen strømmer fra Skyen ned"	

1221	**Grille-Polka-Mazurka**	**1855**
Orig	H. C. Lumbye's Tænze ... No. 132	*V:24*
	Lpz., B&H /9126/ (1855). 3 S. Querfolio. Stich.	
1222	**Zwilling-Polka**	**1855**
Orig	H. C. Lumbye's Tænze ... No. 133	
	Lpz., B&H /9127/ (1855). 5 S. Querfolio. Stich.	
1223	**Elisa-Walzer**	**1855**
Orig	H. C. Lumbye's Tænze ... No. 134	
	Lpz., B&H /9128/ (1855). 11 S. Querfolio. Stich.	
1224	**Parforce-Galopp**	**1855**
Orig	H. C. Lumbye's Tænze ... No. 135	*A*
	Lpz., B&H /9130/ (1855). Querfolio. Stich.	
NU	Kbh., Wilh. Hansen /3062/ (nov. 1874). 5 s. Folio.	
1225	**Sophus-Polka**	**1855**
Orig	H. C. Lumbye's Tænze ... No. 136	
	Lpz., B&H /9131/ (1855). 3 S. Querfolio. Stich.	
1226	**Blanca-Walzer**	**1855**
Orig	H. C. Lumbye's Tænze ... No. 137	
	Lpz., B&H /9132/ (1855). 11 S. Querfolio. Stich.	
1227	**Zauber-Galopp**	**1855**
Orig	H. C. Lumbye's Tænze ... No. 138	
	Lpz., B&H /9213/ (1855). 5 S. Querfolio. Stich.	
Note	Skjerne s. 367: Prof. Bils Zauber Galop.	
1228	**Alberta-Walzer**	**1855**
Orig	H. C. Lumbye's Tænze ... No. 139	
	Lpz., B&H /9214/ (1855). 11 S. Querfolio. Stich.	

1229	**Geburtstags-Polka**	1855
Orig	H. C. Lumbye's Tænze ... No. 140	
	Lpz., B&H /9215/ (1855). 3 S. Querfolio. Stich.	
Note	Skjerne s. 367: 'Tivoli Geburtsdags Polka'.	

1230	**Maria-Walzer**	1855
Orig	H. C. Lumbye's Tænze ... No. 141	AC
	Lpz., B&H /9216/ (1855) Querfolio. Stich.	
NU	Kbh., Wilh. Hansen /3052/ (nov. 1874). 9 s. Folio.	

1231 Berthas Klaver. Vaudeville   1855

Seks klaversange. Tekst: A. Recke
- a: Damon, min Damon har vanket sig træt
- b: Du drømmerige Lille
- c: Du lille Lam paa Engen
- d: Vi mægte forgæves, min Frue
- e: Bertha, saa hør mig
- f: Nattergal, syng fra det lysgrønne Blad

Orig   Musikalsk Theater-Journal ... No. 14.
Berthas Claveer. Vaudeville af Barrière og Lorin ...
[klaverudtog] Kbh. paa Horneman & Erslev's Forlag.
/402/ (nov. 1855). 7 s. Folio. Stik.

1232	**Kosak Galop**	1855
Orig	Trykt i: Juleballet ... Lette Dandse for Pianoforte. Hefte 3.	
	... Pr. 48 Sk. Kbh. Paa Horneman & Erslev's Forlag.	
	/404/ (dec. 1855). 7 s. Folio. Stik.	

1233	**Victoria Galop**	1855
Orig	H. C. Lumbyes Tænze für das Pianoforte. Victoria Galop.	AC
	Op. 201. Pr. 24 sk. Copenhagen.	V:25
	/-/ (dec. 1855). 3 s. Folio.	
	Litografisk titelside i kunstfærdig ramme med seks musikalske vignetter.	

Par	Tänze für das Pianoforte von H. C. Lumbye. No. 142. Victoria Galopp. Hamburg. Bei Joh. Aug. Böhme.	

1234   Den sidste Nat. Vaudeville   **1856**

Introduktion og seks klaversange
0: Introduction. Klaver
a: Du Søvnens Gud, forkort den lange Nat
b: Luftige Væsen, Sylphide du smaa
c: Hvor klinger dejligt disse Dansemelodier
   (Efter Feu Despinois)
d: Venner, vi med Glæde Menuetten træde
e: Ak, ved den første Morgenrøde
f: Saa straaler i Balsalens Kerter klart

– 1. opf: Folketeatret 2. oktober 1857.

Orig   Musikalsk Theater-Journal. ... arr. for Pianoforte med Text. No. 15. Den sidste Nat. Vaudeville efter Guillard og Decourcelle af A. R. [Ad. Recke]. ... Kbh. Paa Horneman & Erslevs Forlag.
/411/ (jan. 1856). 9 s. Folio. Stik.

Var   Polka Mazurka af "Den sidste Nat". Trykt i: Musikalsk Museum, årg. 10 nr. 10 (maj 1856).
Melodien identisk med c: ovenfor.

TO   H&E – Wilhelm Hansen.

1235   Prins Carnevals Indtogs Galop   **1856**

Orig   Carnevals-Glæder ... Maskeradedandsebilleder for Pianoforte ... No. 1. Prinds Carnevals Indtogs Galop. Pr. 24 sk. Kjöbenhavn.
/-/ (Januar 1856). 3 s. Folio.
Forsiret litogr. titelside med dansescene.

TO   H. C. Lumbyes Dandse for Pianoforte. ... No. 2 ... Kbh. i C. Plenges Musikhandel.

Par	Tänze für das Pianoforte von H. C. Lumbye. No. 148 Prinz Carnevals Einzugs-Galopp. Hamburg. bei Joh. Aug Böhme. (1856/7).	

1236 **Harlequins Narrehue Polka** **1856**
Orig Carnevals-Glæder (etc. som ovenfor) No. 2
　　　Harlequins Narrehue Polka. (etc. som ovenfor)
　　　/-/ (marts 1856). 3 s. Folio.
　　　Forsiret titelside som ovenfor.
　　　Med spilleanvisning, trioen har violin ad lib.

TO　Som ovenfor. No. 3. ...

Par　Tänze (etc. som ovenfor). No. 149. Harlequins
　　　Narrenkappen Polka. Hbg., Böhme /857/ (1857).

1237 **Polichinells Tarantelle Galop** **1856**
Orig Carnevals-Glæder (etc. som ovenfor) No. 3　　　*BC*
　　　Polichinell's Tarantelle-Galop (etc. som ovenfor).　　*V:26*
　　　/-/ (marts 1856). 3 s. Folio.
　　　Forsiret titelside som ovenfor.

TO　Som ovenfor. No. 4 ...

Par　Tänze (etc. som ovenfor). No. 150. Polichinells Tarantelle-Galopp. Hbg., Böhme. (1857)

1238 **Pierrots Blouse Polka Mazurka** **1856**
Orig Carnevals-Glæder (etc. som ovenfor) No. 4　　　*ABC*
　　　Pierrots Blouse Polka Mazurka (etc. som ovenfor)
　　　/-/ (april 1856). 3 s. Folio.

TO　Som ovenfor. No. 5 ...

Par　Tänze (etc. som ovenfor). No. 151. Pierrots Blousen-Polka-Mazurka. Hbg., Böhme. (1857)

1239	**Altfor smuk. Lystspil. 3 sange**
Tre klaversange
a: Imellem os staar den kinesiske Mur
b: Hør, Tonerne klinge saa muntert derinde
c: Hør, atter nu klinger jo Valsen derinde

1. opf: Folketeatret 7. oktober 1859 | 1856 |
| Orig | Musikalsk Theater-Journal. ... for Pianoforte med Text. [klaverudtog] No. 16. Altfor smuk! Lystspil med Sange efter det Franske ved A. M. Glükstad. ... Kbh. Paa Horneman & Erslevs Forlag.
/418/ (april 1856). 5 s. Folio.
Cf. nr. 1248 | |

1240	**La Coquette. Sang.**	1856
Orig	Trykt i: Nyt musikalsk Museum, årg. 6, no. 7. Kbh., J. Cohen.
/6.7./ (april 1856). S. 28 – cf. nr. 1183
"Du! Du, som med Kjærlighedens Lyst" [A. Recke]	

1241	**Nina Polka**	1856
Orig	H. C. Lumbyes Tænze für das Pianoforte ...
No. 6. Nina Polka. Op. 206. Pr. 24 sk. Copenhagen.
/-/ (maj 1856). 3 s. Folio.	AC
V:25
TO	– – Copenhagen, i C. Plenges Musikhandel ...	
Par	Tänze (etc. som i 1238) No. 143. Nina Polka.
Hbg., Böhme /851/ (1856/7). 3 S. Folio.	

1242	**Violen. Sang**	1856
Orig	Trykt i: Musikalsk Museum, årg. 10, nr. 11
Kbh. Horneman & Erslev
/10.11/ (juni 1856). S. 44
"Du spørger, min Dreng" A. M. Glükstad	
TO	Wilhelm Hansen /3919/ (1875)	

1243   **En Tur til Kullen. Vise-Cyclus af A. R.**   **1856**
        a: Til Helsingborg
              Laia! kom, tag Shawlet paa
        b: Til Kullen
              Det lakker ad Dagen
        c: En Morgen paa Kullen. Tempo di Polacca
              End dvæler Solen, men i Øst
        d: Til Helsingør
              En Stemme herinde mig hvisker

Orig   En Tour til Kullen [vignet] Vise Cÿclus af A. R. (i. e. Ad.
            Recke) Componeret for Pianoforte …
            Kbh., Forlagt af J. Cohen.
            /108/ (juni 1856). 9 s. Folio.
            Litogr. titel med billede af en hjuldamper ud for Kullen.

1244   **Thorups Concert Salon Polka**   **1856**
Orig   H. C. Lumbyes Tænze für das Pianoforte …
            No. 7 Thorups Concert Salon Polka. Op. 207.
            Pr. 24 sk. Copenhagen.
            /-/ (juli 1856). 3 s. Folio.

1245   **Høstblomsten. Polka**   **1856**
Orig   H. C. Lumbyes Tænze für das Pianoforte …   *ABC*
            No. 8 Höstblomsten Polka. Op. 208. pr. 24 sk.
            Copenhagen.
            /-/ (juli 1856). 3 s. Folio.

TO   – – Kbh. i C. Plenges Musikhandel

Var   For violin og klaver. Wilh. Hansen /3656/ (1884)
– –   For klaver 4hd, Wilh. Hansen /9146/ (1885)

Par   Tänze (etc. som i 1238). No. 144. Herbstblumen
            Polka. Hbg, Böhme (1856/7)

1246	**Invaliden. Sang**	**1856**
Orig	Trykt i: Musikalsk Museum, årg. 10 nr. 12. Kbh. Horneman & Erslev. /10.12./ (juli 1856). S. 48 "Jeg var en lystig Ungersvend" A. M. Glükstad	

1247	**Sypigen. Sang**	**1856**
Orig	Trykt i: Musikalsk Museum, årg. 11, nr. 1. Kbh. Horneman & Erslev. /11.1./ (august 1856). S. 4. "Paa Kammeret, højt over Tagene" A. M. Glükstad	

1248	**Altfor smuk. Vals**	**1856**
Orig	Trykt i: Musikalsk Museum, årg. 11 nr. 2. Khb. Horneman & Erslev /11.2./ (august 1856). S. 2.	
Note	Melodien identisk med slutningssangen i lystspillet "Altfor smuk!" – cf. 1239 c	

1249	**Bobo Polka**	**1856**
Orig	H. C. Lumbye's Dandse for Pianoforte. … No. 9 Bobo Polka… Kjöbenhavn. i C. Plenges Musikhandel. /-/ (august 1856). 3 s. Folio.	
Note	Forsiret titelside i litografi, med kunstfærdig ramme, hvori katalog over numrene i denne serie.	
Par	Tänze (etc. som i 1238). No. 145. Bobo Polka. Hamburg, Böhme /853/ (1856/7). 3 s. Folio.	

1250	**Julie Polka**	**1856**
Orig	H. C. Lumbye's Dandse for Pianoforte … (som 1249) No. 10. Julie Polka … /-/ (august 1856). 3 s. Folio.	C
Par	Tänze (etc. som i 1238). No. 146. Julie-Polka. Hamburg, Böhme (1856/7)	

1251	**Krigerens Drøm. Fantasi**	**1856**
Orig	Krigerens Dröm. Fantasie componeret af ...	BC
	Pr. 48 Sk. Kbh. hos Horneman & Erslev. ...	
	/424/ (sept. 1856). 7 s. Folio. Stik.	
	Litogr. titel i botanisk ramme.	
	S. 2 over noderne et digt i fire strofer (ikke sign.)	
	"Hæren drager seiersstolt"	

1252   Fire Sange af A. R.   **1856**

        a: Reiselyst
            Fra Fjerne Syd sig Fuglen svinger
        b: Schweitzerens Hjemkomst
            Min Fod er mat, men fremad, frem
        c: Længsel efter Kjøbenhavn
            Nej, mit Humør er ej som før
        d: Fiskerens Klage
            Naar Stormen hviner ved Nattetid

Orig   Fire Sange af A. R. [i. e. Ad. Recke]. ... Kbh., Forlagt af J. Cohen.
         /109/ (oktober 1856). 7 s. Folio. Stik.

1253	**Sekstur i A for Violin**	**1856**
Orig	Trykt i: Udvalgte Dandse af yndede Componister udsatte for Een Violin. 25. Hefte. Kbh., C. C. Lose & Delbanco.	
	/2437/ (okt. 1856). Pariserformat.	

1254	**Champagneskum Galop**	**1856**
Orig	H. C. Lumbye's Dandse for Pianoforte etc. som 1249	BC
	No. 11. Champagneskum Galop	
	/-/ (okt. 1856). 3 s. Folio. Stik.	
Par	Tänze (etc. som i 1238) No. 147. Champagnerschaum-Galopp. Hamburg, Böhme (1856/7)	

1255	**Variali Galop, arrangeret**	**1856**
Orig	Variali Galop [vignet] composée par Variali arrangeret for Pianoforte … Kbh. i C. Plenges Musikhandel. /-/ (oktober 1856). 3 s. Folio. Stik. Titelside med vignet: koncertscene.	
TO	H. C. Lumbye's Dandse (etc. som 1249) No. 12. Variali Galop.	
Note	cf. Skjerne s. 194.	

1256	**Souvenir-Polka**	**1856**
Orig	Souvenir-Polka [vignet] für das Pianoforte componirt und den Damen Hamburgs hochachtungsvoll gewidmet … No. 152. Hamburg, Schramm & Haring. /83/ (1856). 3 s. Folio.	
TO	H. C. Lumbye's Tänze (etc. som 1249) C. Plenge. No. 13. Souvenir de Hamburg Polka. /-/ (nov. 1856). 3 s. Folio.	

1257	**Julefestgave**		**1856**
	a:	Livet skal nydes. Vise af Chr. Winther. "Livet skal nydes!" [klaversang]	
	b:	Anna Vals	*b: BC*
	c:	Adéle Polka	*c: BC*
Orig	H. C. Lumbye's Julefestgave for Pianoforte … [No. 1-3]. Kjöbenhavn i C. Plenges Musikhandel. /-/ (dec. 1856). 7 s. Folio.		
TO – –	Sep b: No. 15. Anna Vals. (som 1249) – – c: No. 16. Adele Polka. (som 1249)		

1258	**Frederikke Polka**	**1856**
Orig	Trykt i: Juleballet … 4de Hefte. Kbh., Horneman & Erslev. /437/ (dec. 1856). 7 s. Folio.	

1259	**Echo-Sang af "Paa Bjerget"**	**1856**
Orig	Trykt i: Musikalsk Museum, årg. 11 nr. 5. Kbh. Horneman & Erslev. /11.5./ (dec. 1856). S. 17. "Nei, fattig føler sig Ingen"	

1260 To Sange i 'Juletræet' — 1856
  a. Amagersang. Tekst: A. M. Glükstad
      Paa Amagerland, hvor sagte mod Strand
  b: Sangeren søger sin Elskede. Tekst: Chr. Winther
      Sommerdagen er saa varm

Orig Juletræet. Udvalg af lette Salonstykker og Sange for Pianoforte. ... Kbh. forlagt af Wilhelm Hansen, Östergade No. 66.
  /-/ (dec. 1856). (3) s. Folio.

1261 Deborah Polka Mazurka — 1856
Orig H. C. Lumbye's Tænze ... C. Plenge, som 1249   BC
      No. 17 Deborah Polka Mazurka
      /-/ (april 1857). 3 s. Folio

1262 Amorin Polka — 1857
Orig H. C. Lumbye's Dandse ... C. Plenge, som 1249   C
      No. 18 Amorin Polka
      /-/ (april 1857). 3 s. Folio.

1263 Nicoline Polka — 1857
Orig H. C. Lumbye's Dandse ... C. Plenge, som 1249
      No. 19 Nicoline Polka
      /-/ (maj 1857). 3 s. Folio.

1264 Juliette Galop — 1857
Orig H. C. Lumbye's Dandse ... C. Plenge, som 1249   C
      No. 20 Juliette Galop
      /-/ (maj 1857). 5 s. Folio.

1265	**Pluto Galop**	1857
Orig	H. C. Lumbye's Dandse ... C. Plenge, som 1249	C
	No. 21 Pluto Galop	
	/-/ (juni 1857). 3 s. Folio.	

1266	**Minerva Polka**	1857
Orig	H. C. Lumbye's Dandse ... C. Plenge, som 1249	
	No. 22 Minerva Polka	
	/-/ (juni 1857). 3 s. Folio.	

1267	**Musikalsk Frimureri. Fantasi**	1857
Orig	Musikalsk Frimureri. Fantasie ... [klaverudtog]	
	Kbh. Paa Horneman & Erslev's Forlag ...	
	/440/ (august 1857). 7 s. Folio. Stik.	
	– I én sats med overskrifterne:	
	Grundlægningen	
	Opbygningen	
	Reisegildet. Choral	
	Tempo di marcia	

1268	**Pepa Polka**	1857
Orig	H. C. Lumbye's Dandse ... C. Plenge, som 1249	
	No. 23 Pepa Polka	
	/-/ (sept. 1857). 5 s. Folio.	

1269	**Blanche Polka**	1857
Orig	H. C. Lumbye's Dandse ... C. Plenge, som 1249	ABC
	No. 24 Blanche Polka	V:26
	/-/ (sept. 1857). 3 s. Folio. Stik.	
	Skjerne s. 368: "Mlle Blanche Polka"	

1270	**Ensomhed. Sang**	1857
Orig	Trykt i: Musikalsk Museum, årg. 12 nr 2. Kbh. Horneman	
	& Erslev.	
	/12.2./ (sept. 1857). S. 5.	
	"Det var en Juleaften silde" A. M. Glükstad	

1271	**Godnat Polka**	**1857**
Orig	H. C. Lumbye's Dandse ... C. Plenge, som 1249	BC
	No. 25 God Nat Polka	
	/-/ (oktober 1857). 5 s. Folio. Stik.	
	Cf. Skjerne s. 268	

1272 **En lille Heks. Folkekomedie** 1857
Fire klaversange
a: Nu stander den smykkede grønklædte Vang
b: Hvor Juras nøgne Arme snor sig
c: Blot et lille Kys endnu
d: Ak! ak! hvis du anede det blot

Orig Större og mindre Sangcompositioner forlagte af Immanuel Rée ... Kjøbenhavn.
No. 1. En lille Hex. Folkekomedie. Musiken arr. af Concertmester Bredal. (Texten til Sangene af A. Recke). [Klaverudtog]
/-/ (oktober 1857). 17 s. Folio. Stik.

1273 **Felix Galop** 1857
Orig Trykt i: Juleballet ... Lette Dandse for Pianoforte. 5te Hefte
... Kbh. Paa Horneman & Erslev's Forlag.
/449/ (dec. 1857). 7 s. Folio. Stik.

1274 **Jeg spiser hos min Moder. Vaudeville** 1857
Fem klaversange af Ad. Recke + melodrama
a: Nu frygter jeg snart, at det skorter paa Plads
b: Se, der to adstadige Borgere gaae
c: Man ofrer paa os Guld og Ædelstene
d: Sophie, ofte bliver os Sorgen
e: Kjærligheds Gud paa Visiter gik
f: Melodrama [for klaver]. Andante con moto.

– 1. opf: Folketeatret 20. november 1857

Orig   Musikalsk Theater Journal ... No. 18. Jeg spiser hos min Moder. Vaudeville. Musik af H. C. Lumbye [klaverudtog]. Kbh. hos Horneman & Erslev. /450/ (dec. 1857). 7 s. Folio. Stik.

1275 Lydia Polka   1858
Orig   H. C. Lumbye's Dandse ... C. Plenge, som 1249
No. 26 Lydia Polka
/-/ (februar 1858). 3 s. Folio. Stik.

1276 Pegasus Galop   1858
Orig   H. C. Lumbye's Dandse ... C. Plenge, som 1249   *BC*
No. 27 Pegasus Galop
/-/ (februar 1858). 5 s. Folio. Stik.

1277 Edle Polka   1858
Orig   H. C. Lumbye's Dandse ... C. Plenge, som 1249
No. 28 Edle Polka
/-/ (februar 1858). 5 s. Folio. Stik.

1278 Crinoline Polka Mazurka   1858
Orig   H. C. Lumbye's Dandse ... C. Plenge, som 1249   *B*
    - No. 29 Crinoline Polka Mazurka
/-/ (februar 1858). 3 s. Folio. Stik.
– Trio med Violin ad libitum.

1279 Catharina Vals   1858
Orig   H. C. Lumbye's Dandse ... C. Plenge, som 1249   *BC*
No. 30 Catharina Vals
/-/ (februar 1858). 3 s. Folio. Stik.

1280 Victoria Polka   1858
Orig   H. C. Lumbye's Dandse ... C. Plenge, som 1249
No. 31 Victoria Polka
/-/ (marts 1858). 3 s. Folio. Stik.
– Trio med Violin ad libitum.

| 1281 | **Friedrich Wilhelm Galop** | 1858 |

Orig   H. C. Lumbye's Dandse ... C. Plenge, som 1249
         No. 32 Friedrich Wilhelm Galop
         /-/ (marts 1858). 3 s. Folio. Stik.

| 1282 | **Victoria Quadrille** | 1858 |

Orig   H. C. Lumbye's Dandse ... C. Plenge, som 1249
         No. 33 Victoria Quadrille
         /-/ (september 1858). 7 s. Folio. Stik.

| 1283 | **Hilsen til Lund. Galop** | 1858 |

Orig   H. C. Lumbye's Dandse ... C. Plenge, som 1249
         No. 34 Hilsen til Lund. Svensk Studenter Galop
         /-/ (september 1858). 5 s. Folio. Stik.

| 1284 | **Hilsen til Malmø. Polka** | 1858 |

Orig   H. C. Lumbye's Dandse ... C. Plenge, som 1249
         No. 35 Hilsen til Malmö. Polka
         /-/ (september 1858). 3 s. Folio. Stik.

| 1285 | **Pepita Polka** | 1858 |
| | | V:26 |

Orig   H. C. Lumbye's Dandse ... C. Plenge, som 1249
         No. 36 Pepita Polka
         /-/ (oktober 1858). 3 s. Folio. Stik.
– S. 2: 'Sennora Pepita d'Oliva tilegnet'.

| 1286 | **Gratulations-Galop** | 1858 |
| | | V:27 |

Orig   H. C. Lumbye's Dandse ... C. Plenge, som 1249
         No. 37 Gratulations Galop
         /-/ 3 s. Folio. Stik.

| 1287 | **Helene Galop** | 1858 |

Orig   Trykt i: Bal Bouquet. Nye Lumbyeske Dandse ... for Piano-
         forte. Pr. 48 Sk. Kbh. Paa Horneman & Erslevs Forlag.
         /462/ (december 1858). S. 2-3.
         De tre øvrige danse er af Carl og Georg Lumbye.

1288	**Forglemmigei Galop**	1859
Orig	H. C. Lumbye's Dandse ... C. Plenge, som 1249 No. 38 Forglemmigei Galop /-/ (marts 1859). 3 s. Folio. Stik.	*ABC*
1290	**Hesperus Vals**	1859
Orig	H. C. Lumbye's Dandse ... C. Plenge, som 1249 No. 39 Hesperus Vals. /-/ (marts 1859). 7 s. Folio. Stik.	*BC*
1291	**El Capriccio. Jaleo**	1859
Orig	H. C. Lumbye's Dandse ... C. Plenge, som 1249 No.40 El Capricio Jaleo. /-/ (marts 1859). 5 s. Folio. Stik. Kopftitel: El Capriccio. Spansk Dands, arrangeret af A. Bournonville for Søstrene Healey. – 1. opf. Casino 1. dec. 1858 af søstrene Christine og Agnes Healey; cf. Skjerne s. 277.	*BC*
1292	**Polketta. Pas de Deux** a: Polka b: Polka Mazurka	1859 *a: ABC* *b: ABC*
Orig	H. C. Lumbye's Dandse ... C. Plenge, som 1249 No. 41 Polka. No. 42 Polka Mazurka /-/ (april 1859). 5, 3 s. Folio. Stik. Kopftitel: Polka / Polka Mazurka af "Polketta" arrangeret af A. Bournonville for Søstrene Healey. –1. opf. Casino 31. okt. 1858; cf. Skjerne s. 276.	
1293	**Alice Polka**	1859
Orig	H. C. Lumbye's Dandse ... C. Plenge, som 1249 No. 43 Alice Polka /-/ (april 1859). 3 s. Folio. Stik. S. 2: tilegnet Frue Alice Melbye.	*BC* *V:27*
TO	I: Musikalske Nyheder, årg. 10 no. 4 Kbh., Chr. E. Horneman (april 1870).	

1294	**Galop Militaire**	**1859**
Orig	H. C. Lumbye's Dandse ... C. Plenge, som 1249 No. 44 Galop Militaire /-/ (april 1859). 7 s. Folio. Stik. Kopftitel: Galop militaire arrangeret af A. Bournonville for Søstrene Healey.	ABC
1295	**Tarantelle Neapolitana**	**1859**
Orig	H. C. Lumbye's Dandse ... C. Plenge, som 1249 No. 45 Tarantelle Neapolitana /-/ (oktober 1859). 5 s. Folio. Stik. Kopftitel: ... arrangeret af A. Bournonville for Søstrene Healey.	BC
1296	**Les Zouaves. Galop**	**1859**
Orig	H. C. Lumbye's Dandse ... C. Plenge, som 1249 2den Suite. No. 46 Les Zouaves, Galop. /-/ (oktober 1859). 3 s. Folio. Stik.	ABC V:27
1297	**Fiskepigerne. Hornpipe og Reel**	**1859**
Orig	H. C. Lumbye's Dandse ... C. Plenge, som 1295 No. 48 Fiskerpigerne. Engelsk Dands /-/ (oktober 1859). 7 s. Folio. Stik. Kopftitel: Fiskerpigerne. Engelsk Dands. arrangeret af A. Bournonville for Søstrene Healey. – 1. opf. Casino 21. nov. 1858.	BC
1298	**Hilda Polka**	**1859**
Orig	H. C. Lumbye's Dandse ... C. Plenge, som 1249 No. 49 Hilda Polka /-/ (oktober 1859). 3 s. Folio. Stik. S. 2: tilegnet Frue H. Moberger.	ABC V:28
1299	**Første Ekstra Polka**	**1859**
Orig	Trykt i: Illustreret Tidende, årg. 1, nr. 8. Forlagsbureauet (20 nov. 1859). S. 67.	

1300	**Hedchen Polka**	1860
Orig	H. C. Lumbye's Dandse … C. Plenge, som 1295 No. 50 Hedchen Polka /-/ (marts 1860). 3 s. Folio. Stik. S. 2: tilegnet Fru H. Bruun.	*C*
1301	**Napoleon Galop**	1860
Orig	H. C. Lumbye's Dandse … C. Plenge, som 1295 No. 51 Napoleon Galop /-/ (marts 1860). 5 s. Folio. Stik.	*C*
1302	**Elof Polka**	1860
Orig	H. C. Lumbye's Dandse … C. Plenge, som 1295 No. 52 Elof Polka /-/ (marts 1860). 3 s. Folio. Stik.	*C*
1303	**Hilsen til Stockholm. Polka**	1860
Orig	H. C. Lumbye's Dandse … C. Plenge, som 1295 No. 53 Hilsen til Stokholm, Polka /-/ (juli 1860). 3 s. Folio. Stik.	*V:28*
Var	Helsning till Stockholm, Polka för Piano … Stockholm, Abr. Hirsch. /981/ (1860). 3 s. Folio.	
1304	**Novilla Galop**	1860
Orig	H. C. Lumbye's Dandse … C. Plenge, som 1295 No. 54 Novilla Galop /-/ (juli 1860). 3 s. Folio. Stik.	*C* *V:28*
1305	**Hilsen til Gothenborg. Polka**	1860
Orig	H. C. Lumbye's Dandse … C. Plenge, som 1295 No. 55 Hilsen til Gothenborg, Polka /-/ (juli 1860). 3 s. Folio. Stik.	*A*

1306	**Erik Polka**	**1860**
Orig	H. C. Lumbye's Dandse ... C. Plenge, som 1295
No. 56 Erik Polka
/-/ (september 1860). 3 s. Folio. Stik.	

1307	**Salut for Capri. Polka**	**1860**
Orig	H. C. Lumbye's Dandse ... C. Plenge, som 1295
No. 57 Salut for Capri, Polka
/-/ (september 1860). 3 s. Folio. Stik.	

1308	**Senora Ysabel Cubas Polka**	**1861**
Orig	H. C. Lumbye's Dandse ... C. Plenge, som 1295
No. 58 Sennora Ysabel-Cubas Polka
/-/ (maj 1861). 3 s. Folio. Stik.	C

1309	**Valsen af 'Ballet i Olympen'**	**1861**
Orig	Trykt i: Musikalske Nyheder, redigeret af H. C. Lumbye og
E. Horneman. (Kbh.) Chr. E. Hornemans Forlag og
Eiendom ... årg. 1 nr. 1.
/1.1./ (maj 1861). S. 1.	

1310	**Dithyramben af 'Ballet i Olympen'**	**1861**
Orig	Trykt i: Musikalske Nyheder, som 1309, årg. 1 nr. 7 (dec.
1861). S. 34-35.
Klaversats med overlagt sangtekst:
"Stemmer i! Nu er Sangen fri" Erik Bøgh	C

1311	**Louise Polka**	**1861**
Orig	H. C. Lumbye's Dandse ... C. Plenge, som 1295
No. 59 Louise-Polka, tilegnet Fru Michaëli
/-/ (juni1861). 3 s. Folio. Stik.	C

1312	**Grundlovs-Fest-Galop**	**1861**
Orig	Trykt i: Musikalske Nyheder, som 1309, årg. 1 nr. 2 (juni
1861). S. 6-7.	

1313	**Drømmen efter Ballet – Der Traum nach dem Balle**	**1861**
Orig	Drømmen efter Ballet. Fantasie.	*ABC*
	Trykt i: Musikalske Nyheder, som 1309, årg. 1 nr. 3 (juli 1861). S. 9-13.	
Par	Der Traum nach dem Balle. Phantasie für Orchester Arrangement für das Pianoforte allein. Lpz., B&H /10451/ (1862). 6 s. Folio.	
– –	– – zu 4 Händen /10452/ (1862). 15 s. Folio.	
– –	– – Partitur und Stimmen in Abschrift.	

1314	**Ekko fra Ballet. Dansescene**	**1861**
Orig	Nye Compositioner … Eccho fra Ballet, componeret af H. C. Lumbye, forlagt af Horneman & Lumbye. 48 Sk. Kbh. Chr. E. Hornemans Forlag og Eiendom. /-/ (juli 1861). 7 s. Folio. Stik.	*BC*
	Dansenes rækkefølge: Hurtig Vals (E), Langsom Vals (A), Hurtig Vals (E), Hopsa (A), Galopade (E).	
	– Skjerne s. 288f: "Echo fra Balsalen"	

1315	**Glædeshilsen til Slesvigerne. Galop**	**1861**
Orig	Trykt i: Musikalske Nyheder, cf. 1309 årg. 1 nr. 4 (august 1861). S. 15-16.	

1316	**Frederik VII's Honnørmarsch**	**1861**
Orig	Trykt i: Musikalske Nyheder, cf. 1309 årg. 1 nr. 5 (sept. 1861). S. 21-23: Kong Frederik Den VIIs Honneur-Marsch. Tilegnet Hans Majestæt Kongen.	*ABC*

1317	**Emma Polka**	**1861**
Orig	H. C. Lumbye's Dandse … C. Plenge, som 1295 No. 60 Emma Polka, tilegnet Frk. E. Thestrup. /-/ (nov. 1861). 3 s. Folio. Stik.	*C*

1318	To sange til 'Barberen i Sevilla'
	a: Almavivas Sang
	    Ak, hvem jeg er?
	b: Rosines Romance
	    Vaaren smiler, Fuglen iler
		1861

Orig Trykt i: Musikalske Nyheder, cf. 1309
 årg. 1 nr. 7 (nov. 1861). S. 31 og 36.
Note Beaumarchais' lystspil opførtes fra 2. oktober 1861 på Casino i oversættelse af A. L. C. de Coninck med Lumbyes musik.

1319	To sange i 'Cora' a: No. 2 Hvorfor? ja veed jeg det? b: No. 4 Ja, De har Ret	1861

Orig Musikalsk Theater Journal ... for Pianoforte med Text. No. 26. Cora eller Slavinden. Folkecomedie med Sang [af H. P. Holst og Ad. Recke] Kbh. hos Horneman & Erslev
 /516/ (nov. 1861). 9 s. Folio. Stik.
Note 'Cora' opførtes fra 7. november 1861 på Folketeatret.

1320	Cora Polka Mazurka	1861
Orig	Trykt i: Musikalsk Julegave for Pianoforte og Sang. 1861. Pr. 48 Sk. Kbh. Chr. E. Horneman. /-/ (dec. 1861). 7 s. Folio. - S. 6-7.	BC

1321	Sekstur i D for Violin	1861
Orig	Trykt i: Udvalgte Dandse af yndede Componister udsatte for Een Violin. 28. Hefte. Kbh., C. C. Lose & Delbanco. /2475/ (dec. 1861)	

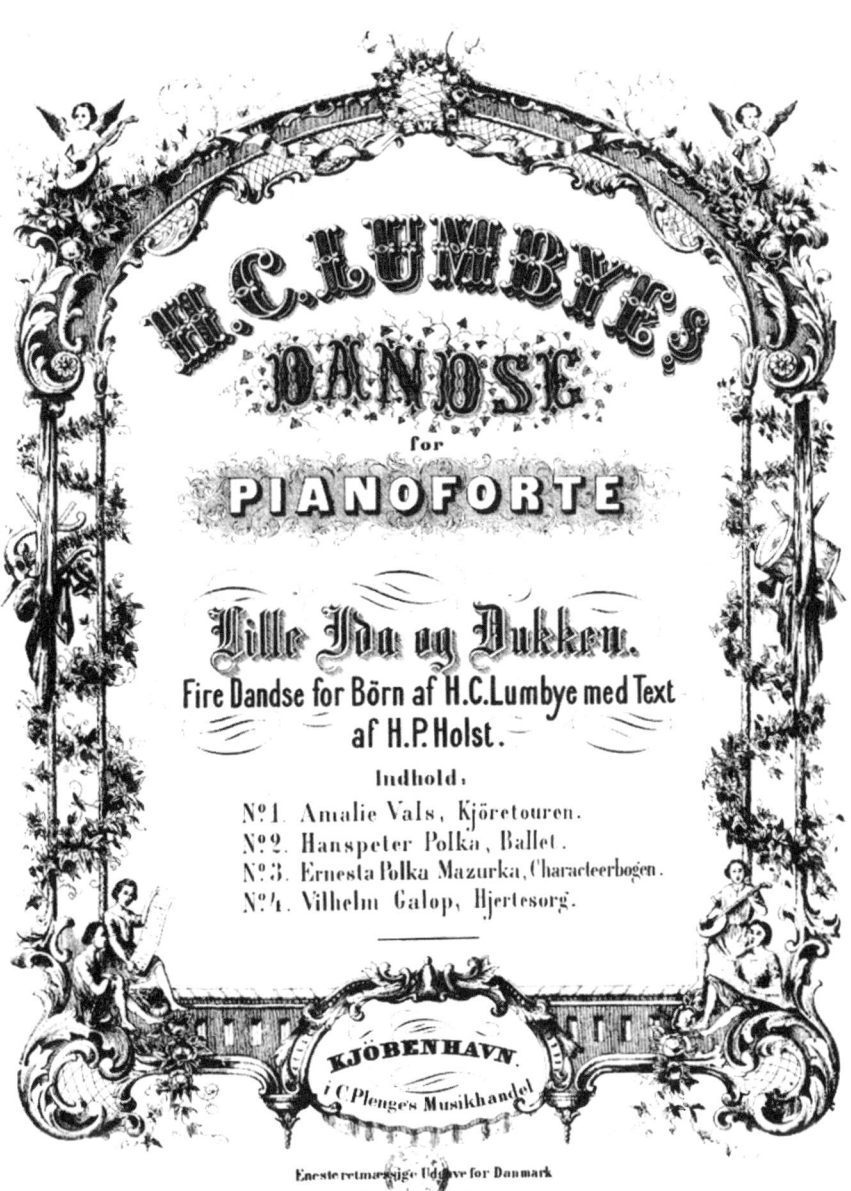

1322	**Lille Ida og Dukken. Lette Danse 1**	**1861**
	a: Amalie Vals.	a: A
	Kjøretouren	
	"Skynd dig at faa Tøjet paa"	
	b: Hanspeter Polka	b: A
	Ballet	
	"Alle de andre skal paa Bal"	
	c: Ernesta Polka Mazurka	c: A
	Charakteerbogen	
	"Ida! Hvad er det, jeg seer"	
	d: Vilhelm Galop	d: A
	Hjertesorg	
	"O Gud, hvad er det?"	

Orig   H. C. Lumbyes Dandse for Pianoforte. Lille Ida og Dukken. Fire Dandse for Börn af H. C. Lumbye med Text af H. P. Holst. Indhold: … Kjøbenhavn. i C. Plenges Musikhandel.
/-/ (december 1861). 6 s. Folio.

TO   Chr. E. Horneman. - Wilh. Hansen.

1323	**Indiansk Krigsdans**	**1861**
Orig	Indiansk Krigsdands af Balletten Fjernt fra Danmark.	BC
	Trykt i: Musikalske Nyheder, cf. 1309, årg. 1 nr. 8	
	= årg. 2 nr. 1 (dec. 1861). S. 37-39	
Note	Bournonvilles ballet 'Fjernt fra Danmark' blev førsteopført på Det kgl. Teater 20. april 1860.	

1324	**To Danse til Fr. Hammerich**	**1862**
	a: Sølvbryllups Marsch	
	b: Festgalop	

Orig   … Tilegnet Professor Fr. Hammerich og Frue.
Trykt i: Musikalske Nyheder, cf. 1309,
årg. 1 nr. 9 = 2 nr. 2. (jan. 1862).

1325	**En Festaften paa Tivoli. Divertissement**	1862
	a: Concertsalen. Ouverture til Zampa af Hérold	*B*
	Arie af Martha af Flotow	
	b: Beriderne paa Plainen. Galop	
	c: Thee Pavillonen No. 2. Allegretto	
	d: Hornmusiken paa Plainen	
	e: Paa Theatret (Harlequin mechanisk Statue)	
	f: Pavillonen Slukefter. Allegretto	
	g: Carousselbanen. Tempo di Polka	
	h: Paa Øen. Marsch militaire	
	i: Paa Dandsepladsen. Galop	
Orig	... Trykt i: Musikalske Nyheder, cf. 1309, årg. 1 nr. 10 = årg. 2 nr. 3 (feb. 1862)	

1326	**Kunstner Karnevals Lokomotiv Galop**	1862
	Med Text af Erik Bøgh.	
	"Bravo! Det var en rigtig livlig"	
Orig	Trykt i: Musikalske Nyheder, cf. 1309, årg. 1 nr. 11 = årg. 2 no. 4 (marts 1862). S. 57 ff.	

1327	**Mester Eriks Polka**	1862
Orig	H. C. Lumbye's Dandse ... C. Plenge, som 1295	*BC*
	No. 61. Mester Eriks Polka (tilegnet Forf. og Componisten til Abolitionistvisen) [E. Bøgh]	
	/-/ (maj 1862). 3 s. Folio. Stik.	
TO	Trykt i: Musikalske Nyheder, cf. 1309. årg. 2 nr. 6 (maj 1862). S. 70-71.	

1328	**Storm-Marsch-Galop**	1862
Orig	Storm-Marsch-Galop. Componeret til Festballet i Casino.	*ABC*
	Trykt i: Musikalske Nyheder, cf. 1309, årg. 1 nr. 12 = årg. 2 nr. 5. (maj 1862). S. 63-65.	

1329	**Friheds-Hymne. Sang**	1862
Orig	Friheds-Hymne. Componeret til Grundlovsfesten. "Døsige, drømmende længe vi laa" (A. Recke) Trykt i: Musikalske Nyheder, cf. 1309. 2. årg. nr. 7 (juni 1862). S. 80.	

1330	**Columbine Polka Mazurka**	1862
Orig	Nye Compositioner ... Columbine Polka Mazurka ... Kbh. Chr. E. Hornemans Forlag. /-/ (juli 1862). 3 s. Folio. Stik.	BC
TO	i: Musikalske Nyheder, cf. 1309, 2. årg. nr. 8.	
NU	For orkester. Se nr. 1444	

1331	**Nordisk Fostbrødre Galop**	1862
Orig	Trykt i: Musikalske Nyheder, cf. 1309, årg. 2 nr. 9 (august 1862). S. 87-88.	ABC

1332	**La Constance Polka**	1862
Orig	La Constance. Polka ... tilegnet Fru Majorinde Maria Rosenblad. Trykt i: Musikalske Nyheder, cf. 1309, årg. 2 nr. 10 (sept. 1862). S. 94-95.	BC

1333	**Biondini Polka**	1862
Orig	Trykt i: 2 Dandse for Pianoforte ... C. Plenges Musikhandel. /-/ (dec. 1862). 3 s. Folio. Skjerne s. 371: Tilegn. Mme. Enequist Biondini.	ABC V:29

1334	**Divertissement over J & J Delepierre**	1862
Orig	Divertissement over Melodier udførte af Julie og Juliette Delepierre. Trykt i: Musikalske Nyheder, cf. 1309, årg. 2 nr. 12. (dec. 1862). S. 106-109.	

1335	**Juletræet. Lette Danse 2**	1862
	a: Ferie Vals	V:29

"Lille Signe, hvad er det du søger"
b: Julia Polka
tilegnet Julia Delepierre
"Bort fra Døren, Hansemand"
c: Juliette Polka Mazurka
tilegnet Juliette Delepierre
"Kom saa Børn og se vort Træ"
d: Frantz Galop
tilegnet Frantz Pönitz
"Tsching-dadarada"

Orig Juletræet. Fire Dandse for Børn ... Indhold ... Priis: 48 Skilling. Kbh. Chr. E. Horneman.
/36/ (dec. 1862). 6 s. Folio. Stik.
Digtene er ikke signeret.

1336	**Musikalsk Dukke-Dialog af A. Recke. To sange**	1863

a: Da Gusta gik i Skole
"Hør nu min lille Dukke"
b: Da Gusta kom hjem til Dukken
"Naar, endelig kom jeg fra Skole"

Orig Trykt i: Musikalske Nyheder, cf. 1309, årg. 3 nr. 2-3. (feb.-marts 1863)

1337	**Alexandra-Vals**	1863
Orig	Alexandra Vals. Hendes Kongelige Høihed Prindsesse Alexandra til Danmark underdanigst tilegnet ... Trykt i: Musikalske Nyheder, cf. 1309, årg. 3, nr. 3. (marts 1863). S. 13-15.	ABC

1338	**Prinsen af Wales. Galop**	1863
Orig	Trykt i: Musikalske Nyheder, cf. 1309, årg. 3, nr. 4 (april 1863). S. 19-21.	BC

1339	**Festmarsch til Tivolis Koncertsal**	**1863**
Orig	Fest-Marsch til Tivolis Nye Concertsals Aabning. Tilegnet Hr. J. Melsing. Trykt i: Musikalske Nyheder, cf. 1309, årg. 3, nr. 6 (juni 1863). S. 31-33.	BC
1340	**Wally Polka**	**1863**
Orig	Wally Polka. Hendes Naade Grevinde Paget tilegnet. Trykt i: Musikalske Nyheder, cf. 1309, årg. 3 nr. 7 (juli 1863). S. 38-39.	BC
1341	**Camilla Polka**	**1863**
Orig	H. C. Lumbye's Dandse for Pianoforte. 2den Suite. No. 68 Camilla Polka ... Kbh., Chr. E. Hornemans Forlag og Eiendom. ... /-/ (august 1863). S. 44-45. Folio. – Titelsiden er identisk med Plenge-udgaverne, cf. 1295, kun forlagsnavnet er udskiftet.	BC
Par	Trykt i: Musikalske Nyheder, cf. 1309, årg. 3, nr. 8 (august 1863). S. 44-45.	
1342	**Kong Georg den Førstes Honnørmarsch**	**1863**
Orig	Kong Georg den 1stes Honneur Marsch. Hans Majestæt Kong Georg den 1ste, Grækernes Konge allerunderdanigst tilegnet. Trykt i: Musikalske Nyheder, cf. 1309, årg. 3 nr. 9 (sept. 1863)	ABC
TO	Chr. E. Horneman.	
1343	**Melodiske Smaastykker**	**1863**
Orig	Nye instructive Musikalier ...Lumbye, H. C. Melodiske Smaastykker for de første Begyndere. Kbh. Chr. E. Horneman /71/ (nov. 1863). 7 s. Folio.	
Note	Indeholder 12 småstykker: a: Til Augusta e: Til Charlotte i: Til Caroline b: Til Johanne f: Til Emilie j: Til Julie c: Til Louise g: Til Vilhelmine k: Til Marie d: Til Sophie h: Til Anna l: Til Christine	

1344	**Adolphia Polka**	**1863**
Orig	Adolphia Polka, tilegnet Frk. Adolphia Striegler. Trykt i: Musikalske Nyheder, cf. 1309, årg. 3 nr. 11 (nov. 1863). S. 62-63.	*BC*

1345	**Piper Champagne Galop**	**1863**
Orig	Trykt i: Musikalske Nyheder, cf. 1309, årg. 3 nr. 12 (dec. 1863). S. 68-69.	*ABC*

1346	**Sang af 'Jens'**	**1864**
	"Leen og Pleilen hænge vi bort"	
Orig	Sang af "Jens". Idyl af H. P. Holst. Kbh. Horneman & Erslev. /545/ (jan. 1864). 3 s. Folio. Stik. -Opført på Casino 20. dec. 1863.	

1347	**Feltmarsch**	**1864**
Orig	Trykt i: Musikalske Nyheder, cf. 1309, årg. 4 nr. 1 (januar 1864). S. 2-3.	*B*

1348	**Bal-Bouquet. Lette Danse 3**	**1864**
	a: Reseda Vals	*V:29*
	"Tante, svar! vil en kjær"	
	b: Heliotrop Polka	
	"Nei see de dandse der"	
	c: Rose Polka Mazurka	
	"Hvad er Livet uden Dands?"	
	d: Camelie Galop	
	"Natten flyer! Benytter den da"	
Orig	Bal-Bouquet. Fire lette Dandse for Pianoforte med Text [af. Ad. Recke]. ... Kbh. Chr. E. Hornemans Forlag ... /-/ (januar 1864). Titel, 4 s. Folio.	

1349	**Adelaide Galop**	**1864**
Orig	Trykt i: Musikalske Nyheder, cf. 1309, årg. 4, nr. 2 (februar 1864). S. 8-9.	*C*

1350	**Helga Polka Mazurka**	**1864**
Orig	Helga Polka Mazurka tilegnet Frøken Helga Rasmussen. Trykt i: Musikalske Nyheder, cf. 1309, årg. 4 nr. 3 (marts 1864). S. 16-17.	*ABC*

1351	**For Gamle og Unge. Vals**	**1864**
Orig	Trykt i: Musikalske Nyheder, cf. 1309, årg. 4 nr. 4 (april 1864). S. 19-21.	*ABC*

1352	**Det tapre danske Kavalleri. Galop**	**1864**
Orig	Trykt i: Musikalske Nyheder, cf. 1309, årg. 4 nr. 5 (maj 1864). S. 25-27.	*C*

1353	**Britta Polka**	**1864**
Orig	H. C. Lumbye's Dandse for Pianoforte. 2den Suite. No. 69. Britta Polka. Kbh. Chr. E., Horneman. /-/ (juli 1864). S. 38-39. Folio	*ABC* *V:30*
Par	Trykt i: Musikalske Nyheder, cf. 1309, årg. 4 nr. 7 (juli 1864). S. 38-39.	
NU	For orkester. Se nr. 1444	

1354	**Christian IXs Honnørmarsch**	**1864**
Orig	Kong Christian D. 9des Honneur-Marsch. allerunderdanigst tilegnet Hans Majestæt Kongen. Trykt i: Musikalske Nyheder, cf. 1309, årg. 4 nr. 8 (august 1864). S. 43-45.	*ABC*
Par	Honneur-Marsch ... Arrangement für das Pianoforte. Lpz., B&H /10493/ (1864).	
Var	– – zu vier Händen /10494/ (1864) – – Partitur und Orchesterstimmen in Abschrift.	

1355	**Otto Allins Tromme-Polka**	**1864**
Orig	Trykt i: Musikalske Nyheder, cf. 1309, årg. 4 nr. 9 (sept. 1864). S. 52-53.	*BC*

1356	**Victoria Bundsen Polka Mazurka**	1864
Orig	Trykt i: Musikalske Nyheder, cf. 1309, årg. 4 nr. 10 (oktober 1864). S. 56-57.	BC

1357	**Barndomsminder. Lette Danse 4**	1864

    a: Gusta paa Skovtur. Vals
       "Dampen bruser, Klokken slaar"
    b: Soiréen. Polka
       "Goddag, goddag, velkommen"
    c: Dandseövelsen. Polka Mazurka
       "Nei, den Dandsemester kjære"
    d: Ved Juletræet. Galop
       "Til Julesangen klingende net"

Orig   Barndomsminder. Fire lette Dandse for Pianoforte ... med Text af Adolph Recke. ... Kbh. Chr. E. Horneman ... /-/ (dec. 1864). 6 s. Folio. Stik.

1358	**Den unge Moder. Fantasi**	1865
Orig	Den unge Moder. Drømmebilleder. Fantasi. Trykt i: Musikalske Nyheder, cf. 1309, årg. 5 nr. 3. (marts 1865). S. 13-17.	BC

1359	**Nico Polka**	1865
Orig	Nico Polka. Fru N. de Jermin tilegnet. Trykt i: Musikalske Nyheder, cf. 1309, årg. 5 nr. 4 (april 1865). S. 22-23.	ABC

1360	**Mjølner Galop**	1865
Orig	Trykt i: Musikalske Nyheder, cf. 1309, årg. 5 nr. 6 (juni1865). S. 31-33.	AC

1361	**Grundlovsfest Polka**	1865
Orig	Trykt i: Musikalske Nyheder, cf. 1309, årg. 5 nr. 7 (juli 1865). S. 38-39.	C

1362	**Dagmar Vals**	**1865**
Orig	Trykt i: Musikalske Nyheder, cf. 1309, årg. 5 nr. 8 (august 1865). S. 43-45.	BC

1363	**Den 15. August Polka**	**1865**
Orig	Trykt i: Musikalske Nyheder, cf. 1309, årg. 5 nr. 10 (oktober 1865). S. 58-59.	ABC

1364	**Gensynsglæde-Galop**	**1865**
Orig	Trykt i: Musikalske Nyheder, cf. 1309, årg. 5 nr. 12 (dec. 1865). S. 68-69.	BC

1365 **En Børnefest i Tivoli. Lette Danse 5** **1865**

    a: Invitationen. Vals
        "Fatter, hvis din Pige"
    b: Hos Beriderne. Polka
        "Naa, endelig kom vi til Fest"
    c: Paa Dandsepladsen. Polka Mazurka
        "Nu skal vi ha' os en Svingom"
    d: Ved Pantomimen. Galop
        "Millemoer afsted paa Timen"

Orig   Lette Dandse af H. C. Lumbye med Text ... No. 5
        En Børnefest i Tivoli ... 48 sk. Kbh., Chr. E. Horneman...
        /-/ (december 1865). 6 s. Folio.

1366	**La Retraite. Polka**	**c 1865**
Orig	La Retraite. Polka. Berlin, Rob. Timm & Co. (ca. 1865)	

1367	**Erindring om Hjemmet. Galop**	**1866**
Orig	Trykt i: Musikalske Nyheder, cf. 1309, årg. 6 nr. 4 (april 1866). S. 22-23.	C

UDVALGTE DANDSE

AF

YNDEDE KOMPONISTER.

UDSATTE FOR

EEN VIOLIN.

Hefte.

Kjøbenhavn.
Wilhelm Hansens Musik-Forlag.

Tryk i Wilhelm Hansens Etabl., Kjobenhavn

1368	**Helene-Polka**	**1866**
Orig	Trykt i: Musikalske Nyheder, cf. 1309, årg. 6 nr. 5 (maj 1866). S. 28-29.	

1369	**Moller Polka Mazurka**	**1866**
Orig	Trykt i: Musikalske Nyheder, cf. 1309, årg. 6 nr. (juni 1866). S. 32-33. Skjerne s. 371: Capitain A. F. Moller gewidmet.	*BC*

1370	**Les Zouaves Kvadrille**	**1866**
Orig	Trykt i: Musikalske Nyheder, cf. 1309, årg. 6 nr. 7 (juli 1866). S. 40-42.	*ABC*

1371	**Storfyrst Alexander Marsch**	**1866**
Orig	Trykt i: Musikalske Nyheder, cf. 1309, årg. 6 nr. 9 (september 1866). S. 50-51.	*BC*

1372	**Fire Danse for Violin**	**1866**
	a: Sekstur	
	b: Rheinlænder Polka	
	c: Polka af En Runde i Tivoli	
	d: Tribune Polka	
Orig	Trykt i: Udvalgte Dandse af yndede Componister udsatte for Een Violin. 29. Hefte. C. C. Lose & Delbanco /2490/ (oktober 1866).	

1373	**Tre Danse for Violin**	**1866**
	a: Mazurka	
	b: Julie Galop	
	c: Cirque de Loisset Galop	
Orig	Trykt i: Udvalgte Dandse af yndede Componister udsatte for Een Violin. 30. Hefte. C. C. Lose & Delbanco /2491/ (oktober 1866).	

1374	**Dukkeballet. Lette Danse 6**	**1866**

        a: Thyra Vals. Klokken 6
            "Kom Dukke, du smaae"
        b: Valdemar Polka. Klokken 7
            "I Tyl og Mousselin"
        c: Maria Polka Mazurka. Klokken 8
            "Bassen, der brummede"
        d: Alexander Galop. Klokken 9
            "Rask Galoppen klinger, ja"

Orig   Lette Dandse af H. C. Lumbye med Text ... No. 6.
           Dukkeballet. Kbh. Chr. E. Horneman ...
           /-/ (november 1866). 6 s. Folio.
           Kopftitel: Dukkeballet. Fire Dandse af H. C. L. med
           Text af Adolph Recke.

1375	**Dagmar Polka**	**1866**
Orig	Dagmar Polka. Componeret til Festballet i Casino d. 9 November. Trykt i: Musikalske Nyheder, cf. 1309, årg. 6 nr. 12 (dec. 1866). S. 68-69.	*ABC*

1376	**Kronprins Frederiks Galop**	**1867**
Orig	Trykt i: Musikalske Nyheder, cf. 1309, årg. 7 nr. 3 (marts 1867). S. 14-15.	

1377	**To Sange af Borch-Hertz**	**1867**

        a: Han til hende
            "Første Gang, ak, du var kun saa lille"
        b: Hun til ham
            "Jeg har drømt mangen Gang"

Orig   Trykt i: Musikalske Nyheder, cf. 1309, årg. 7
           nr. 4 (april 1867). S. 19 + 24.

1378	**Studenter Polka**	**1867**
Orig	Trykt i: Musikalske Nyheder, cf. 1309, årg. 7 nr. 5 (maj 1867). S. 26-27.	

1379	**Sølvbryllups Fest Kvadrille**	1867
Orig	Sølvbryllups Fest Quadrille (med Themaer af Elverhøi). DD. MM. Kongen og Dronningen Allerunderdanigst tilegnet ... Trykt i: Musikalske Nyheder, cf. 1309, årg. 7 nr. 6. (juni 1867). S. 32-33.	BC

1380	**Salut a nos amis. Marsch**	1867
Orig	Salut a nos amis. Marsch. Componeret til de franske Gjæster d. 12 August. Trykt i: Musikalske Nyheder, cf. 1309, årg. 7, nr. 9 (sept. 1867). S. 50-51.	ABC

1381	**Kunstnerdrømme. Fantasi**	1867
Orig	Des Künstlers Träume. Phantasie für Orchester. Arrangement für Pianoforte. Berlin, Bote & Bock. (1867)	
Var	– – für Orchester. Ibidem (1871)	

1382	**Skovturen. Lette Danse 7**	1867
	a: Udtouren. Vals "Himlen er klar"	
	b: Sorgenfri. Polka "Hør, lille Fa'er, o maa jeg be'e"	
	c: Eremitagen. Polka Mazurka "Laura, siig kan du kjende"	
	d: Dyrehavsbakken. Galop "O, hvor her er Løier"	
Orig	Lette Dandse af H. C. Lumbye med Text [af Wilh. Rantzau] ... No. 7. Skovturen. Kbh. Chr. E. Hornemans Forlag ... /-/ (december 1867). 6 s. Folio.	

1383	**Vauxhall Polka**	1868
Orig	Trykt i: Musikalske Nyheder, cf. 1309, årg. 8 nr. 2 (februar 1868). S. 8-9.	ABC
Sep	Chr. E. Horneman (febr. 1868) Skjerne s. 372: Vauxhall (Berliner Vauxhall) Polka.	

1384	**Dronning Louise Vals**	**1868**
Orig	Trykt i: Musikalske Nyheder, cf. 1309, årg. 8 nr. 3 (marts 1868). S. 13-15.	ABC

1385	**Anna Polka Nr. 2**	**1868**
Orig	Anna Polka. Frøken Anna Wottschow tilegnet. Trykt i: Musikalske Nyheder, cf. 1309, årg. 8 nr. 6 (juni 1868). S. 32.	A

1386	**Kærlighedsdrømme i Lejren. Fantasi**	**1868**
Orig	Trykt i: Musikalske Nyheder, cf. 1309, årg. 8 nr. 7 (juli 1868). S. 38-41. Over noderne er trykt et længere digt, der er signeret # - # "Et Hjerte, uforsagt mod Landets Fjende …"	
Par	Liebesträume im Feldlager. Fantasie für Pianoforte … Berlin, Bote & Bock (1871)	

1387	**Drømmerier i Lejren. Sang**	**1868**

Note	På S. 37 i ovenfor anførte hefte står denne sang:
	Drømmerier i Leiren. Efter H. C. Lumbyes Fantasi
	  "Kjærlighedsdrømme"
	Skotsk Melodie
	  "Dandsens milde Bølger hæve" P. Hansen	

1388	**Salon Galop**	**1868**
Orig	Trykt i: Musikalske Nyheder, cf. 1309, årg. 8 nr. 8 (august 1868). S. 44-45.	

1389	**Hilsen til de Jydske Sangforeninger. Galop**	**1868**
Orig	Trykt i: Musikalske Nyheder, cf. 1309 årg. 8 nr. 9. (sept. 1868). S. 50-51.	

| 1390 | **En Tur til Frederiksberg. Lette Danse 8** | 1868 |

        a: Udtouren. Vals
            "Pas nu, Maren Amme!"
        b: I den zoologiske Have. Polka
            "Vær nu forsigtig, kjære Børn"
        c: I Frederiksberg Have. Polka Mazurka
            "See lille Børn, hvor her er kjønt"
        d: Paa Sommerlyst. Galop
            "O hør! O hør! Musik og der de kjør' "

Orig   Lette Dandse af H. C. Lumbye med Text. ... No. 8. En Tour til Frederiksberg. Kbh. Chr. E. Hornemans Forlag ... /-/ (december 1868). 6 s. Folio.
– Teksten er af W. Rantzau.

| 1391 | **Velocipede Galop** | 1869 |

Orig   Velocipedes Galop.   *C*
          Trykt i: Musikalske Nyheder, cf. 1309, årg. 9 nr. 3 (marts 1869). S. 14-15.

| 1392 | **Prinsesse Lovisa Polka** | 1869 |

Orig   Trykt i: Musikalske Nyheder, cf. 1309, årg. 9 nr. 4 (april 1869). S. 20-21.

| 1393 | **Kong Carl den 15des Honnørmarsch** | 1869 |

Orig   Kong Carl d. XVdes Honneur Marsch.   *BC*
          Trykt i: Musikalske Nyheder, cf. 1309, årg. 9 nr. 5 (maj 1869). S. 26-27.

| 1394 | **Salut for August Bournonville. Galop** | 1869 |

Orig   Trykt i: Musikalske Nyheder, cf. 1309, årg. 9 nr. 6 (juni 1869).   *ABC*

Sep   Salut à August Bournonville Galop. Chr. E. Horneman /-/ (juni 1869)

NU   For orkester. Se nr. 1444

1395	**Amager Polka**	1869
Orig	Til Fru Thora Most. Amager Polka. Trykt i: Musikalske Nyheder, cf. 1309, årg. 9 nr. 7 (juli 1869). S. 38-39.	ABC

1396	**Fakkeldans**	1869
Orig	Musikalske Mindeblade i Anledning af Deres Kgl. Höiheder Kronprinds Frederik og Kronprindsesse Lovisa's Formæling. ... H. C. Lumbye. Fakkeldans. ... Kbh. Chr. E. Horneman's Forlag og Eiendom. ... /-/ (august 1869). 5 s. Folio.	ABC
TO	I: Musikalske Nyheder, cf. 1309, årg. 9 nr. 9. (september 1869)	
Par	Fackeltanz für grosses Orchester, komponiert zur Vermählungs-Feier des Kronprinzen Friedrich von Dänemark. Für Pianoforte. Lpz., B&H /12206/ (1870).	
– –	– – Partitur und Orchesterstimmen in Abschrift.	

1397	**Kronprins Frederik Polka**	1869
Orig:	Musikalske Mindeblade (etc. som ovenfor) Kronprinds Frederik Polka. ... Chr. E. Horneman. /-/ (august 1869). (3). s. Folio. Kopftitel: Kronprinds Frederiks Polka componeret i Anledning af Formælingen d. 28 Juli.	
TO	I: Musikalske Nyheder, årg. 9 nr. 11 (nov. 1869)	

1398	**Kronprinsesse Lovisa Galop**	1869
Orig:	Musikalske Mindeblade (etc. som ovenfor) Kronprindsesse Lovisa Galop. ... Chr. E. Horneman. /-/ (august 1869). (3) s. Folio. Kopftitel: som foregående	
TO	I: Musikalske Nyheder, årg. 9, nr. 10 (okt. 1869)	

1399	**De fire Aarstider. Lette Danse 9**	**1869**
	a: Foraaret. Vals	
	"Lille Søster Anna, kom"	
	b: Sommeren. Polka	
	"Kom tag dit Sommerfuglenet"	
	c: Efteraaret. Polka Mazurka	
	"Kom fra Stuens trange Bur"	
	d: Vinteren. Galop	
	"See, her er Slæden"	
Orig	Lette Dandse af H. C. Lumbye med Text [af W. Rantzau]. ... No. 9. De fire Aarstider. Kbh., Chr. E. Hornemans Forlag ... /-/ (dec. 1869). 6 s. Folio. Kopftitel: De fire Aarstider eller Barnets forskjellige Glæder.	

1400	**Bouquet Royal. Galop**	**1870**
Orig	Dandse fra Ballettens Carneval. - 1. H. C. Lumbye: Bouquet Royal, Galop. 36 Sk. ... Kbh. Chr. E. Hornemans Forlag og Eiendom. /-/ (februar 1870). (5) s. Folio. Kopftitel: Bouquet Royal. Galop. Udført ved Ballettens Carneval i Casino den 27. januar.	*ABC*
Note	Dette nummer – og det følgende – førsteopførtes i Aug. Bournonvilles koreografi på Casino 27. jan. 1870 og fra 6. feb. 1870 på Det kgl. Teater.	
TO	I: Musikalske Nyheder, cf. 1309, årg. 10 nr. 2. (februar 1870). S. 8-10.	

1401	**Skandinavisk Kvadrille.**	**1870**
Orig	Skandinavisk Qvadrille. Balletdivertissement. [– –] Tilegnet D. D. K. K. H. H. Kronprindsen og Kronprindsessen af Danmark. – Udført ved Ballettens Carneval i Casino den 27. januar 1870, samt i Det kgl. Teater ... Kbh., Chr. E. Hornemans Forlag og Eiendom ... /-/ (marts 1870). 9 s. Folio. Litografisk titel med portrætter af kronprinseparret. – Heftet indeholder også Bouquet Royal.	*BC*

Par	Skandinavisches Ballet, Op. 25. Fantasiestücke (Divertissement à la Quadrille). Für Orchester. Lpz., Schuberth & Co. (1870)	
1402 Orig	**I Skumringen. Fantasi** Trykt i: Musikalske Nyheder, cf. 1309, årg. 10 nr. 4-5 (april-maj 1870). S. 22-27.	**1870** BC
1403 Orig	**Laura Polka** Trykt i: Musikalske Nyheder, cf. 1309, årg. 10 nr. 6 (juni 1870). S. 34-35. Tilegnet Fru L. Olsen.	**1870** BC
1404 Orig	**Virginie Polka** Dandse for Pianoforte. 2den Suite. H. C. Lumbye. Virginie Polka. 24 sk. Kbh. Chr. E. Horneman /-/ (august 1870). (3). s. Folio.	**1870** ·BC
TO	Trykt i: Musikalske Nyheder, cf. 1309, årg. 10 nr. 8 (august 1870) Kopftitel: Virginie-Polka til Mademoiselle Virginie Léonard.	
1405 Orig	**Mac Mahon-Marsch** Trykt i: Musikalske Nyheder, cf. 1309, årg. 10 nr. 10 (oktober 1870). S. 56-57.	**1870** BC
1406 Orig	**Prins Christian Carls Vals** Til den lille Prinds Christian Carl. Vals. Trykt i: Musikalske Nyheder, cf. 1309, årg. 10 nr. 12 (dec. 1870). S. 68-69.	**1870** BC
TO	Til Prinds Christian Carl. Vals. Wilhelm Hansen /-/ (1876). 3 s.	

1407	**En Forlovelse i Juleferien. Lette Danse 10**	**1870**
	a: Før Reisen. Vals	
	"Nu Farvel til Skolestuen"	
	b: Kjøretouren. Polka	
	"Hyp! hyp! nu Lotte"	
	c: Frieriet. Mazurka	
	"Vær velkommen, Fritz"	
	d: Juleballet. Galop	
	"Kom nu Fritz og Anna"	
Orig	Lette Dandse af H. C. Lumbye med Text - ... No. 10 En Forlovelse i Juleferien. Kbh., Chr. E. Hornemans Forlag ... /-/ (december 1870). 6 s. Folio.	
1408	**Prinsesse Thyra Polka**	**1871**
Orig	Trykt i: Musikalske Nyheder, cf. 1309, årg. 11 nr. 3 (marts 1871). S. 18-19.	C
1409	**Finalegalop til 'Livjægerne paa Amager'**	**1871**
Orig	Dandse for Pianoforte. 2den Suite ... H. C. Lumbye. Finale til Baletten Livjægerne paa Amager. Kbh. Chr. E. Hornemans Forlag ... /-/ (marts 1871) (5). s. Folio.	ABC
Note	Bournonville-balletten førsteopførtes på Det kgl. Teater 19. februar 1871.	
TO	I: Musikalske Nyheder, cf. 1309, årg. 11 nr. 4. (april 1871). S. 28-30.	
1410	**Chretien Polka**	**1871**
Orig	Dandse for Pianoforte. 2den Suite ... H. C. Lumbye. Chretien Polka. Kbh. Chr. E. Horneman /-/ (maj 1871). (3) s. Folio.	ABC
To	I: Musikalske Nyheder, årg. 11 nr. 5 (maj 1871)	

1411	**Hilsen til Tivolis Abonnenter. Marsch**	1871
Orig	Trykt i: Musikalske Nyheder, cf. 1309, årg. 11 nr. 6 (juni 1871). S. 42.-43.	

1412	**Rosa og Rosita Vals**	1871
Orig:	Trykt i: Musikalske Nyheder, cf. 1309, årg. 11 nr. 10 (oktober 1871). S. 38-40.	*ABC*

1413	**Harald Galop**	1871
Orig	Trykt i: Musikalske Nyheder, cf. 1309, årg. 11 nr. 12 (december 1871). S. 90-91.	*B* *V:31*

1414	**Min nyeste Galop**	1871
Orig	Trykt i: Fra nordiske Komponister. Samling af nye Pianoforte- og Sangkompositioner ... Bidragene samlede af August Westrup. Kbh. 1871. Immanuel Rée's Forlag. 3 bl., 86 s. Pariserformat. – S. 78-79.	*ABC*

1415   **En Tur hinsides Sundet. Lette Danse 11**   1871
    a: Overfarten. Vals   *V:31*
        "Klokken den ringer!"
    b: Ankomsten til Malmø. Polka
        "Var välkommen, kära bror"
    c: Ankomsten til Lund. Polka Mazurka
        "Reisen ender, 'mjukast tjäner!"
    d: Ballet i trädgården. Galop
        "Kom, min bror, Studenten han si'er"

Orig   Lette Dandse af H. C. Lumbye med Text – No. 11
        En Tour hinsides Sundet. Kbh. Chr. E. Hornemans Forlag.
        /-/ (dec. 1871). 6 s. Folio.
        – Teksterne er af W. Rantzau.

1416	**Frederikke Polka**	1872
Orig	Frederikke Polka. Tilegnet Frøken Frederikke Hellmann. Trykt i: Musikalske Nyheder, årg. 12 nr. 3 (marts 1872). S. 18-19.	

1417	**Petra Galop**	1872
Orig	Trykt i: Musikalske Nyheder, cf. 1309, årg. 12 nr. 4 (april 1872). S. 26-27.	

1418	**Potpourri af gamle og nye Melodier**	1872
Orig	Trykt i: Musikalske Nyheder, cf. 1309, årg. 12 nr. 7-11 (juli-nov. 1872).	

1419	**Nordisk Industriudstillings-Galop**	1872
Orig	Trykt i: Musikalske Nyheder, årg. 12 nr. 8. (august 1872). S. 58-59.	

1420 **En Dilettantforestilling. Lette Danse 12** 1872
  a: Valget. Vals
     "Nei! det bliver som jeg har sagt"
  b: Læseprøven. Polka
     "Gud hjælpe mig, hvad gjør vi her"
  c: Arrangementsprøven. Mazurka
     "Nu jeg haaber, at Enhver forstaar"
  d: Generalprøven. Galop
     "Gud bevar's, hvad det er for et voldsomt Slid"

Orig Lette Dandse af H. C. Lumbye med Text ... No. 12. En Dilettantforestilling. Kbh. Chr. E. Hornemans Forlag ...
/-/ (dec. 1872). 6 s. Folio.

1421	Et Uhyre. Vaudeville af Erik Bøgh	1872

a: Man ved jo, at Grunden til al Jalousi
b: Ja, ja, ja, ja … Vogt Jer, vogt Jer
c: Hun er nu saadan saadan hvad man kalder
d: Vær saa artig! Mange Tak!
e: Farvel da, min Engel
f: Men saa hør dog et Ord

Orig   Et Uhyre. Vaudeville i 1 Akt af Erik Bøgh. Musiken ved H. C. Lumbye. [klaverudtog] Kbh. Wilhelm Hansens Forlag og Eiendom … /2160/ (c. 1872)

Note   'Et Uhyre' opførtes på Casino 21/9-1856 til maj 1885.

1422	To efterladte Polkaer	1874

a: Polka [i A] Efterladt Composition (ufuldendt)
b: Marie-Polka. Tilegnet Fru Marie Petersen, f. Holst

Orig   Efterladte Compositioner af H. C. Lumbye …
Pris 24 sk. Kbh. Chr. E. Hornemans Forlag …
/-/ (dec. 1874). (3). s. Folio.

TO   b: Trykt i: Musikalske Nyheder, årg. 14 nr. 12 (dec. 1874). S. 90.

1423	Den Sidste. Polka	1877

Orig   "Den Sidste" Polka (Efterladt Manuskript) Kbh., Wilhelm Hansens Forlag og Eiendom.
/3438/ (sept. 1877). 5 s. Folio.

1423A	Polka i E (I 'Trubaduren')	1901

Orig   Trykt i: Balletdivertissement af 'Troubaduren' arrangeret for Klaver af Axel Grandjean. Kbh. & Leipzig, Wilhelm Hansen, Musik-Forlag. /12878/ (1901). 12 S.

Note   Verdis opera 'Trubaduren' førsteopførtes på Det kgl. Teater 10. sep. 1865. I 3. akt var indlagt Aug. Bournonvilles balletdivertissement; heri forekommer Lumbyes galop. Divertissementet er ofte opført som selvstændig ballet.

1424	**Koncertpolka for to Violiner**	**1930**
Orig	Koncert Polka for 2 Violiner og Salonorkester. (arr. P. Th. Wallin). Kbh. Edition Kirchheiner /33/ (1930). Klaverkonduktør, soli og orkester.	
Var	– – For 2 Violiner og Klaver. Ibidem. (1930)	
NU	– – for 2 Violiner og Klaver. (arr. Oluf Ring) Kbh. Wilh. Hansen /21818/ (1931). 2, 2, 9 S.	
NU	Concert Polka for 2 Violiner (Comp. 1863). Partitur (og orkesterstemmer) Kbh., Samfundet til udgivelse af dansk Musik. 1956. Titel, 30 s. Folio. Ork: 2222 – 2231 – 3 + str.	

Lumbye – samlinger
a: for klaver

1425	**Terpsichore. 11 Danse**	**c1861**
Orig	Terpsichore. Dandse for Pianoforte. Kbh., Wilhelm Hansens Forlag. /-/ (ca. 1861) 28 s. Pariserformat. Titel med Lumbyes portræt.	

Indeholder danse, der var udkommet hos Breitkopf & Härtel i Leipzig.

Magyaren Galop	= 1109,	B&H	No. 39
Flora Polka	= 1121	B&H	No. 51
Bacchus Galop	= 1206	B&H	No. 124
Kathinka Polka Mazurka	= 1126	B&H	No. 56
Amoretten Galop	= 1124	B&H	No. 54
Veilchen Polka	= 1085	B&H	No. 34
La petite Trompette Galop	= 1127	B&H	No. 57
Emilie Polka	= 1115	B&H	No. 45
Castilianer Galop	= 1090	B&H	No. 36
Corsicaner Galop	= 1042	B&H	No. 7
En avant Marsch	= 1151	B&H	No. 71

1426	**Udvalgte Kompositioner. 2 Bind**	**1874**
Orig	Udvalgte Kompositioner ... – arrangerede for Pianoforte. 1ste (-2det) Bind. Kbh. Chr. E. Hornemans Forlag og Eiendom. ... /-/ (maj-dec. 1874) 84, 84 s. Folio.	
Note	Udgaven udkom i 10 hefter; de omfatter 30 + 33 værker. – Som 1. og 2. Præmielevering medfulgte fire værker i 4hændig udgave.	

1427	**Lumbye-Album 1-10**	**1884**
Orig	Titelside: Udvalgte Compositioner ... Forlæggerens Eiendom. Kbh. Wilhelm Hansens Musik-Forlag. /-/ (1884). 31, 33, 27, 29, 29, 28, 32, 31, 31, 27 s. (ialt 298 sider). Folio. Omslagstitel (som også bruges i kataloger) Folkeudgave. H. C. Lumbye Album. Nr. 1-10	
Note	Hvert hefte er selvstændigt pagineret og indeholder 10 værker.	

1428	**Folkeudgave. Kompositioner. 2 bind**	**1893**
Orig	Folkeudgave af H. C. Lumbye's Kompositioner. (Fantasier og Danse i Udvalg). Kbh., Wilhelm Hansen, Musik-Forlag. 2 bd. /-/ (1893). 202, 202 s. Folio. Indeholder 71 + 64, ialt 135 værker.	

1429	**Lumbye-Album. (10) Udvalgte Compositioner**	**1875**
Orig	Lumbye-Album. Udvalgte Compositioner Indhold [No. 1-10] Kbh. Wilhelm Hansens Forlag og Eiendom ... /-/ (1875). 31 s. Folio.	

1430	**Fantasien und Festmärsche**	**c1878**
Orig	Phantasien und Festmärsche für das Pianoforte ... No. [1-6]. Lpz., Breitkopf & Härtel. /V.A. 319/ (ca. 1878). 65 s. Editionsformat.	

1431	**Ausgewählte Tänze**	c1878
Orig	Ausgewählte Tänze für das Pianoforte ... [spec. No. 1-15]. Lpz., Breitkopf & Härtel. /V.A. 320/ (ca. 1878). 80 S. Querfolio.	
1432	**Lumbye-Album, WH**	c1898
Orig	Lumbye-Album. Wilhelm Hansens 50 Øres Bibliothek Nr. 27. [nr. 1-8] /-/ 20 s. Folio.	
1433	**Lumbye-Album, Globus**	c1910
Orig	Lumbye-Album. 1 (-6). Durchgesehen und zusammengestellt von Camillo Morena. Berlin, Globus Verlag /232-240/ (ca. 1910). 6 Hefte. Folio.	
Var	– – (i ét bind). 66 s. Folio.	
1434	**Lumbye-Melodier**	1929
Orig	Hvermands Eje. No. 16. Lumbye-Melodier. Fantasier, Marsche, Valse, Polkaer, Mazurkaer, Galopper og Sange. Kbh. Wilh. Hansen. /-/ (1929). 64 s.	
1435	**Lumbye-Album I-III**	1930
Orig	Sang & Klang Nr. 7-9. Lumbye-Album I-III. 3 hft. Kbh., Kurt Kirchheiner /11, 12, 16/ (1930). 11, 11, 10 s. Indeholder 9 værker.	
1436	**7 Lumbye Melodier**	1937
Orig	7 Lumbye Melodier. Let arrangerede. Kbh., Wilhelm Hansen /25938/ 15 s.	
1437	**Lumbye for Ungdommen**	1940
Orig	Lumbye for Ungdommen. 5 Danse let arrangerede af Inga Greisen. Kbh. Skandinavisk Musikforlag. 12 s. Editionsformat.	

1438 **Lumbye-Album** **1950**
Orig   H. C. Lumbye Album. (Arr: Aage Nielsen). Kbh., Imudico /2005/ (1950). 23 s. Editionsformat.

b: diverse

1439 **Lette Danse med tekst** **c1880**
Orig   Samtlige lette Dandse for Pianoforte med Text. Kbh. Wilhelm Hansens Forlag og Eiendom.
/-/ (ca. 1880). 51 s. Folio.

Indeholder nr. 1-12:
1:	1322 Lille Ida og Dukken	(1861)	H. P. Holst
2:	1335 Juletræet	(1862)	
3:	1348 Bal-Bouquet	(1863)	Ad. Recke
4:	1357 Barndomsminder	(1864)	Ad. Recke
5:	1365 En Børnefest i Tivoli	(1865)	
6:	1374 Dukkeballet	(1866)	Ad. Recke
7:	1382 Skovturen	(1867)	W. Rantzau
8:	1390 En Tur til Frederiksberg	(1868)	W. Rantzau
9:	1399 De fire Aarstider	(1869)	W. Rantzau
10:	1407 En Forlovelse i Juleferien	(1870)	W. Rantzau
11:	1415 En Tur hinsides Sundet	(1871)	W. Rantzau
12:	1420 En Dilettantforestilling	(1872)	

TO   Samtlige 48 Lette Danse. Kbh. Wilh. Hansen

1440 **H. C. Lumbyes Børnedanse** **c1895**
Orig   Wilhelm Hansens 50 Øres Bilbliothek. Nr. 105. 106. Hefte 1-2. /-/ 17, 17 s. Folio.
Indeholder nr. 1, 5, 8, 10; - 2, 3, 7, 11 (af ovst.)

1441 **Det lille Bal. Lette Danse med Tekst** **c1876**
Orig   Kopftitel:
Det lille Bal med Lumbye's Musik. Kbh., Wilh. Hansen /2291/ (ca. 1876). 5 s. Folio. Stik.
Fire lette danse med tekst; iflg. Skjerne s. 318 sammenstillet af Sophus Neumann.

a: Adolph engagerer. Vals
"Anna nei! hvor du er sød"
b: Anna renoncerer. Polka
"Skjønt jeg tilstaar, det er net"
c: Anna inclinerer. Polka Mazurka
"En Cotillon, man nok saa fjong"
d: Adolph revancherer. Galop
"Jeg kom til kort"

1442 Lumbye-Melodier for Violin 1930

Orig Lumbye-Melodier for Violin. Kbh. Wilhelm Hansen /21639/ (1930). 39 s. Pariserformat. – Indeholder 18 værker af H. C. Lumbye plus seks af Georg Lumbye og to af Carl Lumbye.

1443 Tre Danse for Salonorkester 1919

Orig Orkesterheftet. (Redaktion: Olfert Jespersen).
45. Aargang, Decemberhefte 1919. Kbh., Olfert Jespersen, Musikforlag.
Heri: Høstblomsten Polka, Columbine Mazurka og Mac Mahon Marsch.

1444 Danse-Suite nr. 1 for Orkester 1956

Orig Danse af H. C. Lumbye. Suite Nr. 1: Britta Polka, Columbine Polka Mazurka, Kroll's Balklange, Salut for August Bournonville, Galop. Pianodirektion. Kbh., Samfundet til Udgivelse af dansk Musik. 3. Serie Nr. 126. (1956). 27 s.
Redigeret af Svend Chr. Felumb efter komponistens manuskripter i Tivoli. Udgaven omfatter pianodirektionsstemme og orkestermateriale.

Skjernes kompositionsliste

Som nævnt i forordet findes et grundlag for denne katalog i
Godtfred Skjerne: H. C. Lumbye og hans Samtid.
Anden gennemsete og forøgede Udgave. Kbh. 1946.
Bogen rummer s. 359-373 en særdeles omfattende fortegnelse
over Lumbyes produktion; den er opstillet efter årstal, og den
bringer talrige detailoplysninger om kompositionstid, førsteopførelse etc.
Skjernes indledning lyder som følger:
"H. C. Lumbyes Kompositioner – NB: Den udfor hvert enkelt
Arbejde anførte Sted- og Tidsangivelse oplyser, hvor og naar
den paagældende Komposition første Gang er opført, subsidiært paa anden Maade fremkommen her i Landet. Naar disse
Angivelser fremtræder i Klammer, er dette Udtryk for, at
Førsteopførelsen ikke har været til at efterspore, saaledes at
Anførelse af Tid og Sted refererer sig til første Gang, Kompositionen antræffes. Hvor der findes indskudt en Dato med Kursiv, betegner denne Tilblivelsesdagen, d. v. s. Originalmanuskriptets Datering."

Skjernes tekst gengives her ordret, dog med tilføjelse af et
løbenummer inden for det pågældende år og en nummerhenvisning til den foreliggende katalog. Værker uden katalognummer er ikke trykt. I en del tilfælde har det været muligt at supplere og korrigere Skjernes fortjenstfulde arbejde.

1836

01:            Bidrag til "Samling af Hofbal- og Selskabsdandse" af
               Auber, Frøhlich, Courländer, Lorch, Lumbye o. fl.
               Lose & Olsen. Decbr.

1837

01:1001   3 Gallopader af "6 Gallopader og en Valts" af Kalliwoda,
               Lumbye og Beethoven. C. D. Milde. Marts.
02:1002   2 Gallopader og 1 Vals ("Samling af yndede Dandse",
               3. Saml. nr. 8). Lose & Olsen. Mai.

1838

01:1004	Sex yndede Dandse, tilegn. Prindsesse Caroline (Française, Brude Vals, Prindsesse Galop, Georgine Vals, Auctions Galop, Leir Galop). Lose & Olsen. Marts.	
02:	Terpsichore. Fire skotske Valse og en Wiener Vals. Lose & Olsen.	

1839

01:1005 Tolv yndede Dandse. Hefte 1 (Slots Vals, Hamborger Vals, Doctor Galop, Introductions Galop, Gouverneur Galop, Cornet Galop). Lose & Olsen. Juli.

1840

01:1011c Danmarks Vals, Hotel d'Angleterre, 4. febr.
02: Klokke Galop, ibid. 15. Febr.
03: Klokke Galop Nr. 2. ibid. 29 Febr.
04:1007 Tolv yndede Dandse. Hefte 2 (Thalin Vals, Hamborger Vals, Raket Galop, Trompet Galop, Hamborger Vals, Pandur Galop). Lose & Olsen. Marts.
05: Maneuvre Galop. Hotel d'Angleterre, 12. Marts.
06:1008 Fire Hamborger Valse og en Wiener Vals ("Samling af yndede Dandse". 3. Saml. Nr. 17). Lose & Olsen. Mai.
07:1011b Fest Quadrille. Christiansborg Slot, 22. Mai.
08:1011a Sølvbryllups Vals. Hotel d'Angleterre, 28. Mai.
09:1012e Zigeuner Galop, ibid. 15. August.
10:1012c Reise Galop. Vesterbros nye Teater, 4. Septbr.
11:1012d Sylphide Galop. Hotel d'Angleterre, 25 Septbr.
12:1013 Kronings Vals, tilegn. Kongen og Dronningen. ibid. 24 Oktbr.
13:1012b Postillon Galop. ibid. 21. Novbr.
14: Trylle Echo Walzer for Ventil Instrumenter. ibid. 10 Decbr.

1841

10:1012a Caroline Galop. ibid. 15. Jan.
02: Husar Galop med Sporer og Pidskesmeld. ibid. 26. Marts
03: Vulcan Galop. Rosenborg Have, 3. Juni.

127

04:	Fest Quadrille Nr. 2. Christiansborg Slot, 28 Juni.
05:	Figaro Vals, *10 Juli*. Rosenborg Have, 15. Juli.
06:1027	Nye Jugendfeuer Galop, *19. Juli, ibid.* 27. Juli.
07:1014	Döblers Zauber Galop. ibid. 31. Aug.
08:	Vauxhall Vals med Stjerneskud. ibid. 22. Septbr.
09:1015b	Fortuna Galop med Tenorhorn. Hotel d'Angleterre, 12. Oktbr.
10:1015	Nye Dandse. Første Maanedshefte (Bellona Vals, Fortuna Galop, Hamborger Vals). Lose & Olsen. Novbr.
11:1016	Nye Dandse. Andet Maanedshefte (Française, Hopsa Vals). Lose & Olsen.

1842

01:1017	Nye Dandse. Tredie Maanedshefte (Serenade Vals, Judithe Galop, Hamborger Vals, Louise Skotsk). Lose & Olsen. Jan.
02:1018	Nye Dandse. Fjerde Maanedshefte (Flora Vals, Zitter Galop, Waldemar Skotsk). Lose & Olsen. Febr.
03:1019	Nye Dandse. Femte Maanedshefte (Mazurka, Charlotte Galop, Marina Polka). Lose & Olsen. Marts.
04:1021	Finale Galop af Balletten "Napoli". Det kgl. Teater, 29. Marts.
05:1020	Nye Dandse. Sjette Maanedshefte (Elvina Polka, Augusta Galop, La Tempete, Hopsa Vals). Lose & Olsen. April.
06:	Jagt Galop med Chor. Christiansborg Slots Ridehus, 15. April.
07:	Figaro Galop. Rosenborg Have, 3. Aug.
08:	Havfruen, Galop. [Hotel d'Angleterre, 29. Oktbr.]
09:1023	Polka Militaire (Militair Polka). Hofteatret, 1. Novbr.

1843

01:1024	Augusta Polka, tilegn. Prindsesse Augusta. Christiansborg Slots Ridehus, 20. Marts.
02:1042	Corsicaner Galop. ibid. 20. Marts.
03:1019b	Charlotte Galop. 21. Marts.
04:	Andante cantabile e Tarantella, *15. Juni*. Det kgl. Teater, 10. Juli.
05:1025a	Rutschbane Galop, *11. Aug*. Tivoli 15. Aug.
06:1026	Wilhelmine Polka. [ibid. 13. Septbr.]

07:1036 En Sommernat paa Møens Klint, Galop. [ibid. 13 Septbr.]
08:1025d Tivoli Gondol Galop med Czakan Solo. [ibid. 13. Septbr.]
09:1025c Tivoli Skydebane Galop. [ibid. 13. Septbr.]
10:1025b Tivoli Damp Carousselbane Galop. [ibid. 13. Septbr.]
11: Tivoli Bazar Tsching-Tsching Polka, *8. Septbr.* ibid. 15. Septbr.
12: Caroline Polka, *11. Marts.* [ibid. 20 Septbr.] – cf 1201
13:1025e Tivoli Salon Galop. [ibid. 20. Septbr.]
14:1025f Tivoli Theater Galop, *14. Septbr.* [ibid. 26. Septbr.]
15: Tivoli Cirkus Galop, *24. Septbr.* ibid 30. Septbr.
16: Reise Galop (Nr. 2), tilegn. Georg Carstensen, *4 Oktbr.* [ibid. 11 Oktbr.]
17: Melancholie Galop [Kehlets Kaffehus, 7. Novbr.]

1844

01: Hamborger Skotsk og Galop af Balletten "Tyrolerne". Det kgl. Teater, 8. Febr.
02: En Flyttedag i Kjøbenhavn, Galop, *20. Marts.* Kehlets Kaffehus, 29. Marts.
03:1029 Johanne Luise Vals, tilegn. Fru Heiberg. Tivoli, 27 Mai.
04:1093 Sorgenfri (Sanssouci) Galop. ibid. 28. Mai.
05:1034 Juliane Galop, *14. Novbr.* 1842. ibid. 31 Mai.
06: Alléenbergs Damp Carousselbane Galop. *24. Novbr. 1843.* ibid. 1. Juni.
07:1028 Alexandra Polka. Tivoli, 7. Juni.
08:1030 Telegraph Galop for to Orkestre, tilegn. Georg Carstensen, *10. Mai.* ibid. 11. Juni.
09: Echo fra de gamle Guder paa Tivoli Øen (Efterklang af Olympen, Caprice) Galop, *9. Juni.* ibid. 19. Juni.
10:1041 Tivoli Bazar Galop. ibid. 25. Juni.
11:1033 Veemod (La Resignation) Vals. ibid. 3. Juli.
12: Tivoli Hercules Tempel Galop, *2. Juli.* ibid. 9. Juli.
13: Mathilde Galop, *8. Juli.* ibid. 15 Juli.
14: Toner fra Neapel, Vals, tilegn. Georg Carstensen, *12. Juli,* ibid. 24 Juli.
15: Bellmans Fest på Djurgården. Arr. tilegn. cand. jur. Carl Nielsen. ibid. 3. Aug.
16: Tivoli Volière Galop, *3. Aug.* ibid. 9. Aug.
17: Belle Alliance (Tivoli Geburtsdags) Galop for to Orchestre. ibid. 15. Aug.

18:1032b	Tivoli Damp Carousselbane Polka. ibid. 23. Aug.	
19:	Potpourri Galop, arr. af C. C. Møller. ibid. 23. Aug.	
20:	Den nordiske Kraftprøve Galop, *26. Aug.* ibid. 29. Aug.	
21:	Bernhardine Polka, *30. Aug.* ibid. 4 Septbr.	
22:	Robert le Diables Castel Galop, *6. Septbr.* ibid. 14. Septbr.	
23:1009c	Jubel Galop. ibid. 20. Septbr.	
24:	Floras Fest Galop, tilegn. F. W. Frisenette, *21. Aug.* ibid. 25. Septbr.	
25:1048	Fontaine Vals. ibid. 25. Septbr.	
26:	Sophie Galop med Flageolet Solo. ibid. 9. Oktbr.	
27:	Hamborger Dans, Pas de deux. Det kgl. Teater, Novbr.	
28:1028	La Lithuanienne (Alexandra Polka) Ballet Divertissement. ibid. 5 Novbr.	
29:1031	Pariser Mode Polka, *12. Novbr.* Christiansborg Slots Ridehus, *16. Novbr.*	
30:	Farvel til Kjøbenhavn, Vals, *12. Novbr.* ibid. 16 Novbr.	

1845

01:1037	Le Carneval de Paris, Polka. Tivoli, 18. Mai.
02:1039	Erinnerung an Wien, Vals. ibid. 18. Mai.
03:1035	Les Souvenirs de Paris, Polka, Vals og Galop. ibid. 21. Mai.
04:1040	Donau Blumen, Quadrille. ibid. 21. Mai.
05:1047	Militair Galop. ibid. 2. Juni.
06:1045	Hilsen til Hjemmet, Vals. ibid. 7. Juni.
07:1046	Leopoldine Polka. ibid. 13. Juni.
08:	Festmarsch. ibid. 23. Juni.
09:1050	Nordisk Studenter Polka. ibid. 27. Juni.
10:	Münchener Carnevals Quadrille. ibid. 16. Juli.
11:1038	En Tour paa Dyrehavsbakken, Galop, *23. Juli.* ibid. 26. Juli
12:1043	En Aften paa Dyrehavsbakken, Vals. ibid. 6. Aug.
13:1044	Champagne Galop. ibid. 22. Aug.
14:1052	Erinnerung an Berlin, Vals. ibid. 23. Aug.
15:1059	L'étudiant de Paris (Pariser Studenten), Vals med Pistolskud af G. C., arr. af Lumbye, *26. Aug.* ibid. 1. Septbr.
16:	Illusioner, Vals. ibid. 11. Septbr.
17:1051	Laschotts Zauber Galop. ibid. 19. Septbr.

18:	Guillemette Louise Vals. ibid. 12. Oktbr.
19:1053	Souvenir de Jenny Lind Vals. ibid. 19. Oktbr.

1846

01:	Maria Elisabeth Polka, *8. Jan.*
02:1054	Krolls Ballklänge Vals. Christiansborg Slots Ridehus, 10. Mai.
03:1063	Réunions Galop. ibid. 10. Mai.
04:1058	Amélie Vals. ibid. 10. Maj.
05:1169	Pariser Quadrille. ibid. 10 Mai.
06:1064	Mein Lebewohl an Berlin, Vals. ibid. 10 Mai.
07:1167	Berliner Polka. ibid. 10 Mai.
08:1055	Berliner Studenten, Polka. Tivoli, 24. Mai.
09:1173	Hamborger Polka. ibid. 9. Juni.
10:1062	Der Günstling Vals. ibid. 13. Juni.
11:1061	Sophie Mazurka. ibid. 17. Juni
12:1056	Hühner Masken Quadrille, ibid. 23. Juni.
13:1057	Drømmebilleder, Phantasie. ibid. 27. Juni.
14:1117	Recreations Vals [ibid. 17. Juli].
15:1073	Isabella Vals. ibid. 18 Juli.
16:1065	Araberne, Marsch. ibid. 4. Aug.
17:1074	Beduiner (Kabyler) Galop. ibid. 4. Aug.
18:1071	Tivoli Fest (Klänge) Vals. ibid. 26. Aug.
19:	Polacca guerriera, Pas de deux, *30. Aug.* Det kgl. Teater, 5. Septbr.
20:1072	Ornithobolaia Galop. Tivoli, 25. Septbr.
21:1067	Hilsen til Jydland (Adolphine), Polka, *9. Oktbr.* Aalborg Teater, 9. Oktbr.
22:1066	Manoeuvre Galop (Nr. 2) tilegn. Kronprindsen. Christiansborg Slots Ridehus. 1. Novbr.
23:	Hippodrom Galop, *8. Novbr.* Hippodromen, 10. Novbr.
24:1068	Taagebilleder, Phantasie, Tonemalerie (Schweitzer Landskab ved Solens Opgang, Storm paa Havet, Zigeuner Leir, Kronings Høitid). Christiansborg Slots Ridehus. 29. Nov.

		1847
01:1069	Casino Polka af E. Horneman, arr. af Lumbye, *29. Decbr. 1846.* Hippodromen. 3. Jan.	
02:1080	Kanefarten (Schlittschuh, Schlittenfahrt). Galop. ibid. 17. Jan.	
03:1070	Mindeblad Polka, tilegn. de kjøbenhavnske Damer. ibid. 24. Jan	
04:	Børneglæder, Musikalsk Spøg. Tonemalerie (Introduction, Vagtparade, Børnemusik. Balmusik, Finale). *4. Marts.* Casino, 21. Marts.	
05:1083	Maritana, Romantisk (Dramatisk) Dansescene. Hofteatret, 15. April.	
06:1085	Marts Viol (Veilchen), Polka. Casino, 16. April.	
07:1089	Sersaph (Seraphinen) Vals. ibid. 16. Mai.	
08:1084	Kunstner Carnevals Quadrille. [Tivoli. 25. Mai.] – cf 1175	
09:1076	Casino Vals. [ibid. 2. Juni.]	
10:1082	Casino Pergola Galop. [ibid. 2. Juni.]	
11:1075	Frischka, Ungarsk Nationaldans af Fahrbach, arr. af Lumbye. [ibid. 2. Juni.]	
12:1081	Nordlys Vals [ibid. 3. Juni.]	
13:1090	Castilianer Galop. ibid. 9. Juni.	
14:1163	Louise Vals. [ibid. 17. Juni.]	
15:1077	Kjøbenhavns Jernbane Damp Galop, *18. Juni.* ibid. 29. Juni.	
16:1079	Nordisk Unions Galop, tilegn. de skandinaviske Naturforskere. ibid. 16. Juli.	
17:1078	Venetiansk Tambour Polka (Venetiansk Tappenstreg) af Georg Carstensen, arr. af Lumbye. ibid. 16. Juli.	
18:	Polonaise med Cornet Solo. [Tivoli ibid. 23. Juli.]	
19:1091	Alhambra, Romantisk Vals. ibid. 16. Aug.	
20:1127	La petite trompette Galop. ibid. 13. Aug.	
21:1092	5. 15. 31. Fortuna Vals. ibid. 1 Septbr.	
22:	Fest Quadrille den 18. September 1847. ibid. 22. Septbr.	
23:	Spansk Tappenstreg, Galop. ibid. 22. Septbr.	
24:1088	Mindeblomst Galop, tilegn. Aarhus Damer. Aarhus Teater, 11. Oktbr.	
25:1086	Lilie Polka, tilegn. Odense Damer. Odense Teater, 27. Oktbr.	
26:1110	Luna Vals. Hippodromen, 9. Decbr.	
27:1109	Magyaren Galop. ibid. 16. Decbr.	
28:1087	Hortensia Galop. ibid. 19. Decbr.	

1848

01:1115 Emilie Polka. Tivoli, 31. Mai.
02:1114 Amanda Vals. ibid. 31. Mai.
03: Krigsmarsch. ibid. 31. Mai.
04: Dansk Soldater Polka. ibid. 7. Juni.
05:1112 Regatta Fest (Alster Ruder Klänge) Vals. ibid. 7. Juni.
06: Feldt Marketender Galop. ibid. 7. Juni.
07:1097 Fahnevagt Marsch. ibid. 7. Juni.
08: Pariser Reform Galop. ibid. 7. Juni.
09:1094 Den Frivillige, Galop, tilegn. de skandinaviske Frivillige, *20. juni.* ibid. 5. Juli.
10:1118 Rosendalen, Vals. ibid. 28. Juli.
11:1095 Naar Hornet lyder, Krigssang, arr. af Lumbye, *31. Juli.* ibid. 3. Aug.
12:1113 Louise Galop. [ibid. 15. Aug.]
13:1096 Nattergalen, Eventyr af H. C. Andersen, musikalsk skizzeret af E. Horneman, arr. for Orchester af Lumbye. ibid. 19. Aug.
14:1120 La reine du bal, Vals. ibid. 2. Septbr.
15:1098 Marsch for den danske Borgervæbning (med Chor), *12. Septbr.* ibid. 16. Septbr.
16:1010a Recrations Galop. Lose & Delbanco.
17:1010b Seiers Galop. Lose & Delbanco.
18: Møllerens Drøm, Phantasie. Casino, 9. Oktbr.
19: Matrosen og hans Brud, Pas de deux. ibid. 3. Decbr.
20:1121 Flora Polka. ibid. 13. Decbr.
21:1119 Bellona Galop. Ibid. 13. Decbr.
22:1101 Matus Polka af "Julehilsen til Store og Smaae fra Danske Componister". Lose & Delbanco.

1849

01: Ecossaise, *4. jan.* Casino, 4. Jan.
02: Danebroge, Dansescene, arr. af Lumbye. ibid. 15 Mai.
03:1102 The Fairy Queen (Fée Dronningen), Galop. [Tivoli, 28. Mai]
04:1103 Augusta Polka Mazurka. [ibid. 28. Mai.]
05:1125 Arabella Vals. [ibid. 28. Mai.]
06:1104 Caroline Polka Mazurka, *11. Marts.* [ibid. 28. Mai.]
07:1099 Jule Polka. [ibid. 28. Mai.]
08:1123 Amalie Vals. [ibid. 29. Mai.]

09:1124   Amorin (Amoretten) Galop. [ibid. 29. Mai.]
10:1100   Nytaars Galop. [ibid. 29. Mai.]
11:1116   Marseillaisen, Galop. [ibid. 4. Mai.]
12:1122   Vigorosa (Den Fyrige) Vals. [Tivoli, 4. Juni.]
13:1111   Hamburger Tonhalle Polka. [ibid. 5. Juni.]
14:1105   Amager Polka. ibid. 16. Juni.
15:        Elisabeth Vals. [ibid. 27. Juni.]
16:1106   Viola Polka Mazurka. ibid. 7. Juli.
17:1132   Lisbeth Vals. ibid. 25. Juli.
18:1166   Triumph Marsch, tilegn. den danske Armée. ibid. 25. Juli.
19:        Rosenborg Quadrille. Rosenborg Have, 16. Aug.
20:1108   Markeds (Tscherkessen) Polka, *8. Aug.* ibid. 16. Aug.
21:1107   Rosenborg Polka Mazurka, tilegn. August Bournonville. ibid. 16. Aug.
22:1133   Sympathie Polka. [Tivoli, 18. Aug.]
23:1126   Cathinka Polka Mazurkza. ibid. 19. Aug.
24:1134   Souvenir de Johann Strauss Vals. Casino, 31. Oktbr.
25:1135   Anna Polka. ibid. 31. Oktbr.
26:        Marketendersken og hendes Søn. Pas de deux. ibid. 31. Oktbr.
27:1136   Sylphide Vals. ibid. 19. Novbr.
28:1137   Baladine Galop. ibid. 19. Novbr.
29:1139   Sophie Polka ibid. 19. Novbr.
30:1138   Diana Vals. ibid. 19. Decbr.
31:1128   Juul- og Nytaars-Bouquet (Juleaften Vals, Philippine Polka, *14. Decbr.,* Balfeber Polka Mazurka, *16. Decbr.,* Glædeligt Nytaar Galop, *17. Decbr.*) ibid. 19. Decbr.

1850

01:        De Uimodstaaelige, Ballet Divertissement. Det kgl. Teater, 3. Febr.
02:1141   Rosalie Vals. Casino, 15. Febr.
03:1149   Rosa Vals. ibid. 8. Marts.
04:1140   Elvira Polka Mazurka. ibid. 8. Marts.
05:1150   Agnes Polka, tilegn. Agnes Lange. ibid. 22. Marts.
06:1130   Marie Polka. ibid. 22. Marts.
07:        Alexandra Vals, *7. April.* - cf 1337.
08:1153   Salut Galop, *14. April.* Casino. 19. April.
09:        Forglemmigei Vals. ibid. 19. April.

10:1131	Jenny Polka. [Tivoli, 20. Mai.]	
11:1148	Alexander Polka Mazurka. [ibid. 17. Juni.]	
12:	Catharina Polka, *Juli*.	
13:1142d	Sophie Vals. Casino, 16. Oktbr.	
14:1154	Souvenir de Peterhof, Marsch, tilegn. Kejseren af Rusland, *2. Juli*. ibid. 16 Oktbr.	
15:1142a	Petersborgerinden, Polka. ibid. 16 Oktbr.	
16:1142b	Petersborger Champagne Galop. ibid. 16. Oktbr.	
17:1098	Mon Salut à St. Petersbourg Marsch. ibid. Oktbr. = Marsch for den danske Borgervæbning (1848). - cf 1098.	
18:	Defileer Marsch, *20. Juli*. ibid. 1. Novbr.	
19:1142c	Rosalie Polka, *11. Juli*. ibid. 1. Novbr.	
20:1143a	Velkommen Polka Mazurka	Af "Børneballet", Musik Divertissement af H. C. Lumbye og E. Horneman. Ibid. 22. Dec.
21:1143b	Hopsa Galop, Decbr.	

1851

01:1171	Pauline Polka. ibid. 10. Jan.
02:1145	Peters Polka. ibid. 10. Jan.
03:1147	Tamino Polka. Casino, 10. Jan.
04:	La Scottish, Polka, *21. Jan*. ibid. 23. Jan.
05:1144a	Azurine Vals, tilegn. Mad. Rosenkilde. ibid. 24. Jan.
06:1144b	Zigzag Polka, tilegn. Mad. Smidth, *17. Jan*. ibid. 24. Jan.
07:1144d	Boreas Storm Galop, tilegn. A. Rosenkilde, *19. Jan*. ibid. 24. Jan.
08:1142e	Amorosa Polka Mazurka. *11. Marts*. ibid. 14. Marts.
09:	Militair Galop af Jul. de Meza, arr. af Lumbye. ibid. 14. Marts.
10:1152	Feberdrømme Vals. *5. Marts*. ibid. 11. April.
11:	Ole Lukøie, Galop phantastique, tilegn, H. C. Andersen. ibid. 21. Mai.
12:1144c	Lucette (Lisette) Polka Mazurka, tilegn. Mad. E. Sichlau. *26. Febr*. [Tivoli, 23. Mai.]
13:1151	Velkomsthilsen (til de danske Krigere), Marsch. *1. Febr*. [ibid. 24. Mai.]
14:1155	Rosa Polka. *21. Marts*. [ibid. 2. Juni.]
15:1129	Nytaarsnat (Neujahrs) Polka Mazurka. *20. jan. 1850*. [ibid. 13. Juni.]

16:		Nissernes (Nisse) Polka. *10. Decbr. 1850.* [ibid. 16. Juni.]
17:		Den 6te Juli, Festmarsch. ibid. 6. Juli.
18:		Jægerens Drøm, Phantasie. [ibid. 18. Juli.]
19:		Slaget ved Idsted, Tonemalerie (Bøn, Slaget, Fædrelandssang). ibid. 24. Juli.
20:		Diana Galop. [ibid. 31. Juli.]
21:1157		Christiane Polka. ibid. 8. Aug.
22:		Capriccio Galop. [ibid. 11. Aug.]
23:		Mon Plaisir Quadrille [ibid. 3. Septbr.]
24:1191		Glædelig Jul Polka Mazurka af "Juleballet". Horneman & Erslev.

1852

01:1165 Mary Galop
02:1163 Louise Vals
03:1160 Thora Galop
04:1159 David Polka   Musikalsk Divertissement. Casino, 23. Jan.
05:1162 Frederikke Galop
06:1161 Julie Polka Mazurka
07:1164 Charlotte Galop (Nr. 2)

08:1177   Dania Polka. Tivoli (Morgenkoncert). 16. Juni.
09:    Den 24.-25. Juli. ibid. 24. Juli.
10:1174   Cæcilie Vals. ibid. (Morgenkoncert). 28. Juli.
11:1158   Den Lyseblaae, Polka Mazurka, af H., arr. af Lumbye. 31. Juli.
12:1176   Chinesisk Klokke Galop. ibid. (Morgenkoncert). 2. Septbr.
13:1178   Hyldingsmarsch. ibid. (Formiddagskoncert). 8. Septbr.
14:1156   Marie Mariane (Maria Marianka) Vals. [ibid. 21. Septbr.]
15:1179   Savoyardens Drøm, Phantasie. ibid. 27. Septbr.
16:1172   Spilop Galop af "Børneballet", Hefte 2. Horneman & Erslev.

1853

01:1185   Therese Polka. Tivoli. 16. Mai.
02:1188   Kanon Galop. ibid. 16. Mai.
03:1197   Sommerhilsen (Frühlingsgrüsse) Galop. ibid. 22. Mai.
04:1187   Henriette Polka. [ibid. 22. Mai.]
05:1186   Amaryllis Vals. [ibid. 22. Mai.]

06:1189	Chez Mabille Polka. [ibid. 24. Mai.]	
07:	Potpourri af Verdis "I Lombardi", arr. af Lumbye. [ibid. 25. Mai.]	
08:1193	Den 5te Juni, Festmarsch (Entréemarsch). *3. Juni.* ibid. 5. Juni.	
09:1184	Petrine Galop. [ibid. 7. Juni.]	
10:	Sophie Polka Mazurka. [Tivoli. 21. Juni.]	
11:	Lisbeth Polka Mazurka. [ibid. 26. Juni.]	
12:1181	Roselil Polka (anonym), arr. af Lumbye. ibid. 8. Juli.	
13:1180	Rød Champagne Galop (anonym), arr. af Lumbye. ibid. 13. Juli.	
14:1183	La Coquette Vals. ibid. (Morgenkoncert). 20 Juli.	
15:	Tivoli Festmarsch. ibid. 15. Aug.	
16:1199	Tivoli Carnevals Polka. ibid. 20. Septbr.	
17:1195	Undine Vals. ibid. 28. Septbr.	
18:1196	Ida Polka. ibid. 28. Septbr.	
19:1198	Pomona Vals. Hofteatret, 4. Oktbr.	
20:1182	Godt Humeur, Text af N. (Ad. Recke) m. Mus. af H. C. L. H. P. Møller.	
21:1190a	Tommeliden Polka	Af "Børneballet", Hefte 3. Horneman & Erslev.
22:1190b	Jule Galop	

1854

01:	Anna Vals. *20. Jan.* Casino, 2. Febr.	
02:1207	Amalie Polka	
03:1202	Anna Polka Mazurka	Musikalsk Divertissement.
04:1204	Amor og Psyche Vals	ibid. 24. Febr.
05:1201	Caroline Polka (Nr. 2)	
06:1206	Bacchus Galop. *28. Decbr.* 1853	
07:1205	Georgine Polka. Hofteatret. 25. April.	
08:1203	Augustas Erindrings Polka. Tivoli, 22. Mai.	
09:1200	Kehraus Galop. [ibid. 23. Mai.]	
10:1208	Eugenie Vals m. v. af Ballet Divertissement "La Ventana". Hofteatret, 19. Juni.	
11:1209	Henriette Galop. Tivoli, 15. Juli.	
12:1211	Sølvbryllups Polka, tilegn. Prinds Ferdinand og Prindsesse Caroline. ibid. 5. Aug.	
13:1213	Prof. Mayers phantasmagoriske Farvespil, Galop. ibid. 15. Aug.	
14:	Bolette Galop. [ibid. 18. Septbr.]	

15:1212	Johanne Vals. ibid. 28. Septbr.	
16:1194	Bryllups Polka. ibid. 28. Septbr.	
17:1192	Toilette Polka Mazurka. ibid. 28. Septbr.	
18:1210	Christa Vals. ibid. 28. Septbr.	
19:1214	Inclinations Vals af "Juleballet", Hefte 2. Horneman & Erslev.	

1855

01:1215	Den Femtenaarige, Sang i Polka-Tact af A. R., Bilag til Ydun Nr. 2 for 7. Jan.
02:1216	En Æblekone, Fastelavns Vise af A. R., Bilag til samme Nr. 8, for 18. Febr.
03:1231	Introduction og Sange til "Berthas Claveer" ("Hyrde og Hyrdinde"). Hofteatret, 8. Mai.
04:1218	Vaarsang af A. R., Bilag til Ydun Nr. 21, for 20. Mai.
05:1223	Elisa Vals. Tivoli, 20. Mai.
06:1221	Grille Polka Mazurka. [ibid. 20. Mai.]
07:1224	Parforce Galop. [ibid. 20. Mai.]
08:1222	Tvilling Polka. ibid. 21. Mai.
09:1226	Blanca Vals. ibid. 22. Mai.
10:1225	Sophus Polka. ibid. 22. Mai.
11:	Amerikanske Melodier, arr. af Lumbye. Casino, 25. Mai.
12:	Den 6te October (1854), Marsch, *7. Septbr. 1854.* Tivoli, 2. Juni.]
13:1219	En Kanetour, Romance Cyclus af A. R. (Til Bellevue. Ved Bordet. Dandsen. Erklæringen. Til Byen). Hofteatret, 4. Juni.
14:	Hyacinth Polka. [Tivoli, 17. Juni.]
15:1217	Skotlands Rose, Vals. ibid. 3. Juli.
16:1230	Maria Vals. ibid. 28. Juli.
17:1151	En avant Marsch. [ibid. 29. Juli.] = Velkomsthilsen Marsch (1851).
18:1229	Tivoli Geburtsdags Polka. ibid. 15. Aug.
19:1220	Længsel efter Ballet, Text af A. C., Bilag til Ydun Nr. 35 for 26. Aug.
20:1227	Prof. Bils Zauber Galop. Tivoli. 1. Septbr.
21:1228	Alberta Vals. ibid. 15. Septbr.
22:1232	Kosak Galop af "Juleballet". Hefte 3. Horneman & Erslev.
23:	To Gjenboere, Couplet Cyclus af Erik Bøgh. Casino. 28. Decbr.

1856

01:1234	Introduction og Sange til "Den sidste Nat". Hofteatret, 10. Jan.	
02:1235	Prinds Carnevals Indtogs Galop, *5. jan.* Hotel Phønix, 3. Febr.	
03:1237	Polichinells Tarantel Galop, *5. Febr.* (?) ibid. 3. Febr.	
04:1236	Harlequins Narrehue (Narrekappe) Polka, *19. Jan.* ibid. 3. Febr.	
05:1238	Pierrots Blouse Polka Mazurka, *15. Febr.* (?) ibid. 3. Febr.	
06:1239	Musik og Sange af "Alt for smuk". Hofteatret, 8. Marts.	
07:1240	La Coquette, Romance. Nyt. mus. Museum, 6. Aarg., Nr. 7.	
08:1244	Thorups Concert Salon Polka. Sommerlyst, 15. April.	
09:1241	Nina Polka. ibid. 15. April.	
10:1259	Echosang af "Paa Bjerget", Hofteatret, 19. April.	
11:1245	Høstblomsten, Polka, *7. Marts.* Tivoli, 12. Mai.	
12:1233	Victoria Galop, *1. Jan.* ibid. 19. Mai.	
13:1255	Variali Galop af Variali, arr. af Lumbye. [ibid. 29. Mai.]	
14:1243	Violen, Text af A. M. Glückstad. Mus. Museum, 10. Aarg., Nr. 11.	
15:1243	En Tour til Kullen, Vise Cyclus af A. R. (Til Helsingborg. Til Kullen. En Morgen paa Kullen. Til Helsingør). *16. Mai.* Tivoli. 12. Juni.	
16:1251	Krigerens Drøm, Phantasie med Harpe. ibid. 1. Juli.	
17:1246	Invaliden, Text af A. M. Glükstad. Mus. Museum, 10. Aarg., Nr. 12.	
18:1249	Bobo Polka, *16. Juli.* Tivoli. 21. Juli.	
19:1250	Julie Polka, *22. Juli.* ibid. 27. Juli.	
20:1247	Sypigen, Text af A. M. Glückstad. Mus. Museum, 11. Aarg., Nr. 1.	
21:1254	Champagneskum Galop, *20. Juli.* Tivoli. 2. Aug.	
22:1421	Introduktion og Sange af "Et Uhyre" af Erik Bøgh. Casino, 21. Sept.	
23:	Marche scandinave, *10. Sept.* Tivoli. 22. Sept.	
24:1256	Souvenir (de Hambourg) Polka, den Damen Hamburgs gewidm. *29. Oktbr.* Sommerlyst, 27. Nov.	
25:	Gruss an Hamburg (Hilsen til Hamborg) Marsch. ibid. 27. Nov.	
26:1267	Wörmers Etablissements Entstehung (Wörmers Convent Garten. Musikalsk Frimurerie), Phantasie (Grundlægning, Opbygning. Rejsegilde, Taffelglæder). ibid. 27. Nov.	

27:1257	Julefestgave for Pianoforte (Livet skal nydes! Vise af Chr. Winther. Anna Vals (Nr. 2). Adele Polka, *19. Jan. 1857 (?)* C. Plenge, Decbr.
28:1252	Fire Sange, Digte af Ad. Recke (Reiselyst, Schweitzerens Hjemkomst, Længsel efter Kjøbenhavn, Fiskerens Klage). J. Cohen.
29:1258	Frederikke Polka af "Juleballet", Hefte 4. Horneman & Erslev.
30:1260b	Romance ("Sangeren søger sin Elskede") af Chr. Winther, Wilh. Hansen.
31:1260a	Amagersang af A. M. Glückstad i "Juletræet, lette Salonstykker og Sange". Wilh. Hansen.

1857

01:1262	Amorin Polka. *31. Jan.* Hofteatret. 14. Febr.
02:1264	Juliette Galop, *4. Febr.* ibid. 14. Febr.
03:1263	Nicoline Polka, *9. Marts.* [Tivoli, 21. Mai.]
04:1265	Pluto Galop, *3. Febr.* [ibid. 22. Mai.]
05:	Marche du Nord, 10. *Sept. 1856.* [ibid. 23. Mai.]
06:1266	Minerva Polka, *17. Marts.* [ibid. 23. Mai.]
07:1261	Deborah Polka Mazurka. *16. Jan.* [ibid. 24. Mai.]
08:	Marche de Napoleon. ibid. 18. Juli.
09:1268	Pepa Polka, tilegn. Signora de Belling, *27. Juli.* ibid. 1. Aug.
10:1269	Mlle Blanche Polka, *11. Aug.* ibid. 14. Aug.
11:1271	God Nat Polka, *22. Aug.* ibid. 29. Aug.
12:1270	Eensomhed, Text af A. M. Glükstad. Mus. Museum, 12. Aarg., Nr. 2.
13:1274	Sangene af "Jeg spiser hos min Moder". Folketeatret, 2 Nov.
14:1273	Felix Galop af "Juleballet", Hefte 5. Horneman & Erslev.

1858

01:1280	Victoria Polaka, *16. Jan.* [Tivoli, 13. Mai.]
02:1279	Catharina Vals, *1857.* [ibid. 13. Mai.]
03:1281	Fredrich Wilhelm Galop, *20. Jan.* [ibid. 13. Mai.]
04:1276	Pegasus Galop, *17. Nov. 1857.* [ibid. 13. Mai.]
05:1284	Hilsen til Malmøe, Polka, *24. Marts.* [ibid. 14. Mai.]
06:1275	Lydia Polka, *19. Nov. 1857.* [ibid. 14. Mai.]

07:1277 Edle Polka, *26. Nov. 1857.* [ibid. 15. Mai.]
08:1283 Hilsen til Lund. Svensk Studenter Galop, *25. Marts.* [ibid. 15. Mai.]
09:1282 Victoria Quadrille, *16. Dec. 1857.* [ibid. 16. Mai.]
10:1278 Crinoline Polka Mazurka. [ibid. 17. Mai.]
11: En Promenade over Dyrehavsbakken 1858. Galopade barocque (Indledning. En Soldat med Lirekasse. 1ste Gynge. 2den Gynge. Der er ingenting iveien. En anden Lirekasse. Tyroler Ferdinand. Tryllecabinettet. Gyngen med Lirekasse og Tromme. Bajads med Tromme og Trompet. Carousselbanen. En gammel Mand spiller Violin. Hjemkjørsel). *22. Juli ("fertig $2^{1/2}$ des Nachts d. 19. Juli")*. ibid. 1. Aug.
12:1286 Gratulations Galop. ibid. 15. Aug.
13:1285 Pepita Polka. ibid. 21. Sept.
14:1290 Hesperus (Klänge), Vals, *9. Febr.* ibid. 24. Sept.
15:1288 Forglemmigei Galop, *29. Sept.* ibid. 30. Sept.
16:1292 Polketta, Pas de deux. Casino, 31. Okt.
17:1297 Fiskerpigerne, Hornpipe og Reel, *13. Nov.* ibid. 21. Nov.
18:1291 El Capricho, Jaleo af "Capricen", af Erik Bøgh, *19. Nov.* ibid. 1. Dec.
19:1287 Helene Galop af "Bal Bouquet" af H. C., Carl og Georg Lumbye. Horneman & Erslev.

1859

01:1294 Galop militaire, (Militair Galop) (Nr. 2), Pas de deux, *15. Jan.,* Casino 21. Jan.
02: Stormmarsch Galop, tilegn. Kjøbenhavns Damer. ibid. 10. Febr.
03:1295 Tarantella Napolitana, *20. Febr.* ibid. 1. Marts.
04: La Polonaise, *2. Marts.* ibid. 29. Marts.
05: Introduction og Sange af Lystspillet "Ved Theatret". Folketeatret, 4. Mai.
06:1293 Alice Polka, tilegn. Fru Alice Melbye, *23. Febr.* [Tivoli, 15. Mai.]
07:1296 Les (5) Zouaves Galop, *8. Mai.* [Tivoli 28. Mai.]
08: Grundlovs Marsch. [ibid.5. Juni.]
09: Charivari Galop med Accompagnement af Børneinstrumenter. Musikalsk Spøg, tilegn. "Det gode Sindelag". *20. Jan.* ibid. 15. Aug.

10:1298 Hilda Polka, *25. Aug.* ibid. 28. Aug.
11: Høstfest Galop. ibid. 28. Aug.
12: Fyrværkeri Galop. [ibid. 14. Sept.]
13: Afskedsfest Polka. ibid. 25. Sept.
14:1299 Første Extra Polka. Ill. Tidende, 1. Aarg., Nr. 8 for 20. Nov.

1860

01:1323 Indiansk Krigsdands af Balletten "Fjernt fra Danmark" Det kgl. Teater, 20. April.
02:1303 Hilsen til Stockholm, Polka, *17. April.* Tivoli, 21. Mai.
03:1301 Napoleon Galop, *10. Jan.* [ibid. 22. Mai.]
04: Kroningsmarsch, tilegn. Kong Carl den Femtende. ibid. 23. Mai.
05: Bellmans Minde, arr. af Lumbye. ibid. 23. Mai.
06:1305 Hilsen til Gothenborg, Polka, *14. Mai. Finalen 17. Mai.* ibid. 23. Mai.
07:1304 Novilla Galop, *9. Mai.* ibid. 23. Mai.
08:1300 Hedchen Polka, tilegn. Fru H. Bruun, *23. Jan.* [ibid. 15. Juni.]
09:1302 Elof Polka, *22. Sept.* 1859. [ibid. 21. Juni.]
10:1306 Erik Polka. ibid. 25. Juni.
11: Fest Polonaise. ibid. 24. Juli.
12: En Bagatel fra Dyrehavsbakken 1860. Tempo di Polka (En gammel Bonde spiller Violin. En Soldat med Lirekasse. 1ste Gynge. 2den Gynge. Tyroler Ferdinand, En Trompet ved Tryllecabinettet. En Tromme ved Carousselbanen. Musiken ved den bedækkede Gynge. Den blinde Spillemand. Hjemkjørsel). *26. Juli.* ibid. 1. Aug.
13:1307 Salut for Capri, Polka. ibid. 2. Aug.
14: Invitation til Tivolis Gebrutsdagsfest. Galop. ibid. 15. Aug.

1861

02:1308 Sennora Ysabel Cubas Polka, *23. Jan.* Casino, 2. Febr.
03:1309f Dithyrambe og Vals m. v. af "Ballet i Olympen". ibid. 27. April.
04:1311 Louise Polka, tilegn. Fru Michaëli, *2. Febr.* [Tivoli, 15. Mai.]

05:1314	Echo fra Balsalen, Dansescene (Hurtig Vals, Langsom Vals, Hopsa, Galopade). ibid. 1. Juni.
06:1312	Grundlovs Fest Galop, *1. Juni.* ibid. 5. Juni.
07:1168	Roland Marsch. [ibid. 10. Juni.]
08:1317	Emma Polka, tilegn. Frk. E. Thestrup. ibid. 22. Juni.
09:	Souvenir Marsch. [ibid. 23. Juni.]
10:1313	Drømmen efter Ballet, Phantasie. ibid. 14. Juli.
11:1315	Glædeshilsen til Slesvigerne, Galop. ibid. 29. Juli.
12:	Hilsen til Fredericianerne. ibid. 7. Aug.
13:1316	Kong Frederik den Syvendes Honneur Marsch, tilegn. H. M. Kongen. ibid. 17. Aug.
14:1325	En Festaften paa Tivoli, Divertissement (Concertsalen, Tivoli Gardens Parade, Beriderne paa Plainen, Thée Pavillonen Nr. 2, Hornmusiken, Theatret, Pavillonen Slukefter, Carousselbanen, Paa Øen, Dandsepladsen). ibid. 21. Sept.
15:1318	Musik og Sange til "Barberen i Sevilla". Casino, 2. Okt.
16:1319f	Sange og Polka Mazurka af "Cora". Folketeatret, 7. Novbr.
17:1324a	Sølvbryllups Marsch, tilegn. Prof. Fr. Hammerich og Frue. Den kgl. Skydebane, 16. Dec.
18:1324b	Fest Galop, tilegn. Samme. ibid. 16. Dec.
19:1322	Lille Ida og Dukken, 4 lette Dandse (Amalie Vals, Hans Peter Polka, Ernesta Polka Mazurka, Wilhelm Galop). C. Plenge. Decbr.

1862

01:	Musik til Sangspillet "Den deiligste Qvinde". Casino, 4. Jan.
02:1328	Stormmarsch Galop (Nr. 2), *Jan.* ibid. 28. Jan.
03:1330	Columbine Polka Mazurka. ibid. 27. Febr.
04:1327	Mester Eriks Polka, tilegn, Forf. og Comp. af Abolitionistvisen. *20. Febr.* ibid. 27. Febr.
05:	Kunstner Carnevals Amazonen Polka. ibid. 27. Febr.
06:	Diana Galop (Nr. 2?). ibid. 27. Febr.
07:1326	Kunstner Carnevals Locomotiv Galop med underlagt Text af Erik Bøgh. *12. Febr.* ibid 27. Febr.
08:	Studenter Carnevals Klokke Polka. *Marts.* ibid. 20. Marts.
09:	Victor Emanuels Tappenstreg. Tivoli, 11. Mai.
10:1329	Friheds Hymne, Text af Ad. Recke. ibid. 5. Juni.

11:1331	Nordiske Fostbrødre (Nordisk Fostbroder) Galop. ibid. 16. Juni.
12:1345	Piper Champagne Galop. Ibid. 12. Juli.
13:	Fødselsdags Bouquet, Potpourri af originale Melodier. ibid. 15. Aug.
14:1373c	Cirque de Loisset Galop, tilegn. Directeur Fr. Loisset. ibid. 3. Sept.
15:1332	La Constance, Polka, tilegn. Fru Majorinde Maria Rosenblad. Mus. Nyheder, 2. Aarg., Nr. 10.
16:1334	Souvenirs de Juliette et Julia Delépierre, musikalsk Divertissement, tilegn. de smaa Kunstnerinder, 2. Nov. Casino, 5. Nov.
17:1335	Juletræet. Lette Dandse (Ferie Vals. Julia Polka, tilegn. Julia Delépierre. Juliette Polka Mazurka, tilegn. Juliette Delépierre. Frantz Galop, tilegn. Frantz Pönitz.) E. Horneman.

1863

01:1336	Musikalsk Dukke Dialog, Text af Ad. Recke: Nr. 1 Da Gusta gik i Skole, Mus. Nyheder, 3. Aarg., Nr. 2. Nr. 2 Da Gusta kom hjem til Dukken, Mus. Nyheder, 3. Aarg., Nr. 3.
02:1338	Prindsen af Wales, Galop. Casino, 10. Marts.
03:1337	Alexandra Vals, tilegn. Prindsesse Alexandra til Danmark. Ibid. 10 Marts.
04:1339	Festmarsch med Chor, comp. til Tivolis nye Concertsalons Indvielse, tilegn. Directeur J. Melsing. Tivoli, 14. Mai.
05:	Hilsen til Tivolis nye Bazar, Marsch-Polka, *10. Mai.* ibid. 14. Mai.
06:1424	Concert Polka for 2 Solo Violiner. ibid. 31. Mai.
07:1340	Wally Polka, tilegn. Grevinde Paget. Mus. Nyheder, 3. Aarg., Nr. 7.
08:1341	Camilla Polka, *24. Juni.* Mus. Nyheder, 3. Aarg., Nr. 8.
09:	En lille Dyrehavsspøg. Musikalsk Quodlibet. Tivoli, 14. Aug.
10:	Janitschar Galop, tilegn. Fru F. de Richelieu. ibid. 19. Aug.
11:	Fra Tivoli til Sommerlyst, Divertissement (Glacisholm, Accisebod, Olympen, Thors Hal. Schweitzer Pavil-

lonen, Hvide Hus. Alléenberg, Sommerlyst). ibid. 11. Sept.
12:1342 Kong Georg den Førstes Honneurmarsch, tilegn. Kong Georg den 1ste, Grækernes Konge. Mus. Nyheder, 3. Aarg., Nr. 9.
13:1344 Adolphia Polka, tilegn. Frk. Adolphia Striegler. Mus. Nyheder, 3. Aarg., Nr. 11.
14:1343 Melodiske Smaastykker for Begyndere (Til Augusta, Johanne, Louise, Sophie, Charlotte, Emilie, Wilhelmine, Anna, Caroline, Julie, Marie og Christine). E. Horneman.
15:1346 Sang ("Leen og Pleilen hænge vi bort") af "Jens", Idyl m. Sange af H. P. Holst. Casino, 20. Decbr.

1864

01:1347 Feldt Marsch. Mus. Nyheder, 4. Aarg., Nr. 1.
02:1348 Bal Bouquet (Reseda Vals, Heliotrop Polka, Rose Polka Mazurka, Camelie Galop). Folketeatret, 8. Jan.
03:1349 Adelaide Galop. Mus. Nyheder, 4. Aarg., Nr. 2.
04:1350 Helga Polka Mazurka, tilegn. Frk. Helga Rasmussen. Mus. Nyheder. 4. Aarg., Nr. 3.
05:1351 For Gamle og Unge, Vals. Mus. Nyheder, 4. Aarg., Nr. 4.
06: Valkyriens Sang fra Skyen, Text af H. H. Nyegaard. Casino, 17. April.
07:1352 Det tappre danske Cavallerie, Galop. Mus. Nyheder, 4. Aarg., Nr. 5.
08:1353 Britta Polka, tilegn. Frk. Britta Rydberg. Tivoli, 28. Mai.
09:1354 Christian den Niendes Honneurmarsch, tilegn. H. M. Kongen. ibid. 5. Juni.
10:1355 Otto Allins Tromme Polka. *10 Decbr.* (?) ibid. 3. Aug.
11: Tivoli Saison Polka. ibid. 25. Sept.
12:1356 Victoria Bundsen Polka Mazurka. Mus. Nyheder, 4. Aarg., Nr. 10.
13:1357 Barndomsminder, Bal-Bouquet Nr. 2. (Gusta paa Skovtour, Vals. Soiréen, Polka. Dandseøvelsen, Polka Mazurka. Ved Juletræet, Galop). Thors Hal, 16. Nov.
14:1360 Mjølner Galop. *2. Okt.* ibid. 13. Dec.

1865

01:1359	Nico Polka, tilegn. Fru N. de Jermiin. ibid. 14. Jan.	
02:1358	Den unge Moder, Drømmebilleder. (En ung Moders Drøm). Phantasie. *21. Dec. 1864.* ibid. 19. Jan.	
03:1381	Kunstner Drømme, Phantasie. ibid. 1. April.	
04:1361	Grundlovs Fest Polka. *2. Juni.* Tivoli, 5. Juni.	
05:1362	Dagmar Vals. [ibid. 28. Juli.]	
06:1363	Den 15de August, Polka. ibid. 15. Aug.	
07:	Velkomst Galop til Slesvigerne. ibid. 4. Sept.	
08:	Fest Polka. [ibid. 4. Sept.]	
09:1364	Gjensyns Glæde Galop. Mus. Nyheder, 5. Aarg., Nr. 12.	
10:1365	En Børnefest i Tivoli, Bal Bouquet Nr. 5 (Invitationen, Vals. Hos Beriderne, Polka. Paa Dandsepladsen, Polka Mazurka. Ved Pantomimen, Galop). E. Horneman. Dec.	

1866

01:1367   Erindring om Hjemmet, Galop med Klokke. Tivoli, 13. Mai.
02:1369   Moller Polka Mazurka, Capitain A. F. Moller gewidm. ibid. 19. Mai.
03:1368   Helene Polka. ibid. 26. Mai.
04:1333   Biondini Polka, tilegn. Mme. Enequist Biondini. *1862.* [ibid. 7. Juni.]
05:1370   Les Zouaves Quadrille. ibid. 16. Juni.
06:1371   Storfyrst Alexander Marsch. ibid. 4. Aug.
07:       Lidt Kling-Klang til Festen, Galop. ibid. 17. Aug.
08:       Nytaarshilsen (1866), Marsch. ibid. 17. Aug.
09:1375   Dagmar Polka. Casino, 9. Nov.
10:1374   Dukkeballet, Lette Dandse Nr. 6 (Thyra Vals, Kl. 6, Waldemar Polka, Kl. 7, Maria Polka Mazurka, Kl. 8, Alexander Galop, Kl. 9). *6. Nov.* Tivolis nye Pavillon, 29. Dec.

1867

01:1377   Han til hende, Text af Borch Hertz. Mus. Nyheder, 7. Aarg., Nr. 4.
          Hun til ham, Text af Borch Hertz. Mus. Nyheder, 7. Aarg., Nr. 4.

02:1379	Sølvbryllups Fest Quadrille med Motiver af "Elverhøj", tilegn. Kongen og Dronningen. Tivoli, 26. Mai.
03:1378	Studenter Polka. [ibid. 12. Juni.]
04:1376	Kronprinds Frederiks Galop. ibid. 29. Juni.
05:	Dodo Polka. ibid. 3. Juli.
06:1380	Salut à nos amis Marsch. ibid. 12. Aug.
07:1382	Skovtouren, Lette Dandse Nr. 7 (Udtouren, Vals, Sorgenfri, Polka, Eremitagen, Polka Mazurka. Dyrehavsbakken, Galop). E. Horneman. Dec.

1868

01:1384	Dronning Louise Vals. Tivoli, 17. Mai.
02:1385	Anna Polka (nr. 2), tilegn. Frk. Anna Wottschow. ibid. 17. Mai.
03:1386f	Kjærligheds Drømme i Leiren, Phantasie. ibid. 17. Mai.
04:1383	Vauxhall (Berliner Vauxhall) Polka. *4. Dec. 1867.* ibid. 17. Mai.
05:1388	Salon Galop. ibid. 30. Mai.
06:	Lyda Polka. ibid. 14. Juni.
07:1389	Hilsen til de jydske Sangforeninger. Galop. ibid. 3. Aug.
08:	Bal-Ouverture til Tivolis Jubilæum. ibid. 14. Aug.
09:1390	En Tour til Frederiksberg. Lette Dandse. Nr. 8 (Udtouren, Vals. I den zoologiske Have, Polka. I Frederiksberg Have, Polka Mazurka. Paa Sommerlyst, Galop). E. Horneman. Dec.

1869

01:1391	Velocipede Galop. Mus. Nyheder, 9. Aarg., Nr. 3.
02:1393	Kong Carl den Femtendes Honneurmarsch. Folketeatret, 6. Marts.
03:1392	Prindsesse Lovisa Polka. ibid. 6. Marts.
04:1394	Salut for August Bournonville, Galop. ibid. 6. Marts.
05:1395	Amager Polka (Nr. 2) tilegn. Fru Thora Most. Tivoli, 22. Mai.
06:1410	Chrétien Polka. ibid. 23. Mai.
07:1396	Fakkeldands, comp. i Anledning af Kronprindsesse Lovisas og Kronprinds Frederiks Formæling. ibid. 28. Juli.
08:1397	Kronprinds Frederik Polka. ibid. 7. Aug.

09:1398	Kronprindsesse Lovisa Galop, comp. I Anledning af Formælingen den 28. Juli. ibid. 7. Aug.
10:1399	De fire Aarstider eller Barnets forskjellige Glæder. Lette Dandse Nr. 9 (Foraaret, Vals. Sommeren, Polka. Efteraaret, Polka Mazurka. Vinteren, Galop). E. Horneman. Dec.

1870

01:1401	Skandinavisk Quadrille, tilegn. Kronprindsen og Kronprindsessen. Casino, 27. Jan.
02:1400	Bouquet Royal Galop. *14. Jan.* ibid. 27. Jan.
03:1403	Laura Polka, tilegn. Fru L. Olsen. Folketeatret. 26. Febr.
04:1402	I Skumringen, Phantasie. ibid. 26. Febr.
05:1404	Virginie Polka, tilegn. Mlle Virginie Léonard. Tivoli, 23. Juli.
06:1405	Mac Mahon Marsch. ibid. 31. Aug.
07:1407	En Forlovelse i Juleferien. Lette Dandse, Nr. 10. (Før Reisen, Vals. Kjøretouren, Polka. Frieriet, Polka Mazurka. Juleballet, Galop). Chr. E. Horneman. Dec.

1871

01:1409	Finale Galop af Balletten "Livjægerne paa Amager". Det kgl. Teater, 19. Febr.
02:1411	Hilsen til Tivolis Abonnenter, Marsch. Tivoli, 14. Mai.
03:1406	Den lille Prinds Christian Carls Vals. ibid. 14. Mai.
04:1408	Prindsesse Thyra Polka. ibid. 15. Mai.
05:	Figaro Vals (Nr. 2). ibid. 3. Sept.
06:1415	En Tour hinsides Sundet. Lette Dandse, Nr. 11, (Overfarten, Vals. Ankomsten til Malmö, Polka. Ankomsten til Lund, Polka Mazurka. Ballet i Trädgården, Galop), Chr. E. Horneman (E. Wagner). Dec.

1872

01:1412	Rosa og Rosita Vals. Folketeatret, 30. Marts.
02:1413	Harald Galop. Tivoli, 18. Mai.
03:1417	Petra Galop. ibid. 1. Juni.
04:1416	Frederikke Polka (Nr. 2), tilegn. Frk. Frederikke Hellmann. [ibid. 2. Juni]

05:1419 Nordisk Industriudstillings Galop. ibid. 13. Juni.
06:1418 Potpourri af gamle og ny Melodier. ibid. 15. Aug.
07:1420 En Dilettantforestilling. Lette Dandse, Nr. 12. (Valget, Vals. Læseprøven. Polka, Arrangementsprøven, Polka Mazurka. Generalprøven, Galop). Chr. E. Horneman (E. Wagner). Dec.

1874

01:1422b Marie Polka, tilegn. Fru Marie Petersen, f. Holst. Efterladt Komposition. Mus. Nyheder, 14. Aarg., Nr. 12.
02:1423 Den sidste, Polka. Efterl. Manuskr., Wilh. Hansen.

Følgende Danse har ikke kunnet tidsfæstes:
1009a Caroline Vals
1009b Balon Galop
1009c Jubel Galop (nr. 2)
1170 Minne Polka
Ideal Polka
Aurora Polka Mazurka
Nogle unavngivne Galopper.
Marsch i C-dur, dat. 5. Okt. 1856, om hvilken intet iøvrigt er forefundet. Endelig er Kunstner Foreningens Quadrille maaske kun et andet Navn for Kunstner Carnevals Quadrille (1847), ligesom Muligheden ikke er udelukket for andre Dobbeltbenævnelser end de i Fortegnelsen allerede paaviste.

Udvalgte Dandse af yndede Componister
udsatte for een Violin.

Denne serie af datidens spillemandshefter, som kun har melodistemmen, udkom fra 1838 til 1872 med 32 hefter hos C. C. Lose. En del hefter kom senere i optryk hos Wilhelm Hansen.
Heri forekommer følgende Lumbye-danse:

Hf.	År:	Titel:	Nr.	
1	1838	Dragon Galop	Nr.	*1002a*
2	1839	Introductions Galop	Nr.	*1005d*
		Guverneur Galop	Nr.	*1005e*
		Hamborger Galop i E	Nr.	*1007*
3	1839	Doktor Galop	Nr.	*1005c*
		Kornet Galop	Nr.	*1005f*
4	1841	Sølvbryllups Vals	Nr.	*1011a*
5	1841	Kronings Vals	Nr.	*1013*
7	1844	Clara Hamborgerskotsk	Nr.	*1032a*
		Hamborgerskotsk	Nr.	*1032c*
		Tivoli Dampkarusselbane Polka	Nr.	*1032b*
		Militær Polka	Nr.	*1023*
		Pariser Polka	Nr.	*1031*
		Tivoli Dampkarusselbane Galop	Nr.	*1025b*
8	1845	La Lithuanienne Polka	Nr.	*1028*
		Tivoli Skydebane Galop	Nr.	*1025c*
		(Tivoli) Salon Galop	Nr.	*1025e*
		Juliane Galop	Nr.	*1034*
9	1845	Les Souvenirs de Paris Polka	Nr.	*1035a*
		Les Souvenirs de Paris Galop	Nr.	*1035c*
		Militær Galop	Nr.	*1047*
10	1846	Fontæne Vals	Nr.	*1048*
		Hilsen til Hjemmet Vals	Nr.	*1045*
		Fest Galop	Nr.	*1049*
11	1846	Araberne Marsch	Nr.	*1065*
		Berliner Studenten Polka	Nr.	*1055*
		Beduiner Galop	Nr.	*1074*
12	1846	Amelie Vals	Nr.	*1058*
		Reunions Galop	Nr.	*1063*
13	1847	Tivoli Festklänge Vals	Nr.	*1071*
14	1848	Nordlys Vals	Nr.	*1081*
		Pergola Galop	Nr.	*1082*

		Martsviol (Veilchen) Polka	Nr. 1085
15	1849	Amanda Vals	Nr. 1114
		Matus Polka	Nr. 1101
		The Fairy Queen Galop	Nr. 1102
		Magyaren Galop	Nr. 1109
16	1849	Arabella Vals	Nr. 1025
		Flora Polka	Nr. 1121
17	1850	Anna Polka	Nr. 1135
		Kathinka Polka Mazurka	Nr. 1126
		Amoretten Galop	Nr. 1124
18	1850	Sofie Polka	Nr. 1139
		Baladine Galop	Nr. 1137
19	1851	Rosalie Vals	Nr. 1141
		Zigzag Polka	Nr. 1144b
		Agnes Polka	Nr. 1150
20	1852	Azurine Vals	Nr. 1144a
		Rosalie Polka	Nr. 1142c
		Christiane Polka	Nr. 1157
21	1852	Cæcilie Vals	Nr. 1174
		David Polka	Nr. 1159
22	1854	Therese Polka	Nr. 1185
		Julie Polka Mazurka	Nr. 1161
23	1854	Georgine Polka	Nr. 1205
24	1856	Grille Polka Mazurka	Nr. 1221
		Henriette Galop	Nr. 1209
		Bakkus Galop	Nr. 1206
25	1856	Sekstur i A	Nr. 1253
		Nina Polka	Nr. 1241
		Sølvbryllups Polka	Nr. 1211
		Polka af Den sidste Nat	Nr. 1234
		Victoria Galop	Nr. 1233
26	1858	Pepita Polka	Nr. 1285
		Blanche Polka	Nr. 1269
		Polichinells Tarantel Galop	Nr. 1237
27	1861	Alice Polka	Nr. 1293
		Les Zouaves Galop	Nr. 1296
		Gratulations Galop	Nr. 1286
28	1861	Sekstur i D	Nr. 1321
		Hilsen til Stockholm Polka	Nr. 1303
		Hilda Polka	Nr. 1298
		Novilla Galop	Nr. 1304

29	**1866**	*Dette hefte indeholder kun Lumbye-værker*		
		Sekstur	Nr.	1372a
		Ferievals	Nr.	1335a
		Reseda Vals	Nr.	1348a
		Biondini Polka	Nr.	1333
		Rheinlænder Polka	Nr.	1372b
		Julie Polka	Nr.	1335b
		Polka af En Runde i Tivoli	Nr.	1372c
		Helitrop Polka	Nr.	1348b
		Tribune Polka	Nr.	1372d
		Rosa Polka Mazurka	Nr.	1348c
		Juliette Polka Mazurka	Nr.	1335c
		Camilla Galop	Nr.	1348d
		Frants Galop	Nr.	1335d
30	**1866**	Britta Polka	Nr.	1353
		Mazurka	Nr.	1373a
		Prinsen af Wales Galop	Nr.	1338
		Cirque de Loisset Galop	Nr.	1373c
		Julie Galop	Nr.	1373b
31	**1872**	En Tur hinsides Sundet Vals	Nr.	1415a
		Harald Galop	Nr.	1413

Danse-indeks

Ballet

Alexandra Polka	1028
La Lithuanienne	1028
El Capriccio	1291
Finalegalop til Livjægerne	1409
Fiskerpigerne. Engelsk Dans	1297
Fjernt fra Danmark	1323
Galop militaire	1294
Hornpipe og Reel	1297
Indiansk Krigsdans	1323
Jaleo	1291
Konservatoriet	1030
La Lithuanienne	1028
Maritana. Dansescene	1083
Militærdans	1023
Napoli	1021
Polka i E (Trubaduren)	1423A
Polketta. Pas de deux	1292
Skandinavisches Ballet	1401
Skandinavisk Kvadrille	1401
Spansk Dans	1291
Tarantella neapolitana	1295

Fantasi

Den unge Moder	1358
Der Traum des Savoyarden	1179
Der Traum nach dem Balle	1313
Des Künstlers Träume	1381
Drømmebilleder	1057
Drømmen efter Ballet	1313
I Skumringen	1402
Krigerens Drøm	1251
Kunstnerdrømme	1381
Kærlighedsdrømme i Lejren	1386
Liebesträume im Feldlager	1386
Musikalsk Frimureri	1267
Nattergalen af E. Horneman	1096
Nebelbilder	1068
Savoyardens Drøm	1179
Taagebilleder	1068
Traumbilder	1057

Galop

Adelaide	1349
Alexander	1374d
Amoretten	1124
Auctions	1004e
Augusta	1020b
Bacchus	1206
Baladine	1137
Ballet i Trädgården	1415d
Balon	1009b
Beduiner	1074
Bellona	1119
Beriderne paa Plænen	1325a
Boreas Storm	1144d
Bouquet Royal	1400
Camelie	1348d
Caroline	1012a
Castilianer	1090
Champagner	1044
Champagneskum	1254
Charlotte	1019b
Charlotten	1164
Chinesischer Glöckchen	1176
Cirque de Loisset	1373c
Cornet	1005f
Corsicaner	1042
Damp-Karusselbane	1025b

Den Frivillige	1094	Hortensia	1087
Det tapre danske Kavalleri	1352	Introductionsgalop	1005d
Doctor	1005c	Jubel	1009c
Dragon	1002a	Judithe	1017b
Dyrehavsbakken	1382d	Jule	1190d
Döblers Zauber	1014	Juleballet	1407d
Eine Sommernacht in Dänemark	1036	Juliane	1034
En Sommernat i Danmark	1036	Julie	1373
En Sommernat paa Møens Klint	1036	Juliette	1264
En Tur paa Dyrehavsbakken	1038	Kabyler	1074
Erindring om Hjemmet	1367	Kanefarten	1080
Farbenspiel	1213	Kanon	1188
Felix	1273	Kastilianer	1090
Fem Galopper	1012	Kehraus	1200
Festgalop	1324b	Kinesisk Klokke	1176
Festgalop i A	1060	Koncert Salon	1025e
Fest-Galopp	1049	Korsikaner	1042
Finalegalop af Napoli	1021	Kosak	1232
Forglemmigej	1288	Kronprins Frederiks	1376
Fortuna	1015b	Kronprinsesse Lovisa	1398
Frantz	1335d	Kunstnerkarnevals Lokomotiv	1326
Friederiken	1162	Københavns Jernbane Damp	1077
Friedrich Wilhelm	1281	La petite Trompette	1127
Frühlingsgrüsse	1197	Laschotts Zauber	1051
Galop Final	1021	Leir	1004f
Galop militaire	1294	Les Souvenirs de Paris	1035c
Galopade i E	1002b	Les Zouaves	1296
Galopade Nr. 9, 10, 11	1003	Livjægerne paa Amager	1409
Gensynsglæde	1364	Louise	1113
Glædeligt Nytaar	1128d	Magyaren	1109
Glædeshilsen til Slesvigerne	1315	Manoeuvre	1066
Gondol	1025d	Marie	1165
Guvernør	1005e	Marseillaisen	1116
Gratulations	1286	Mary	1165
Grundlovsfest	1312	Militair	1047
Harald	1413	Militær	1294
Helene	1287	Min nyeste Galop	1414
Henriette	1209	Mindeblomst	1088
Hilsen til de jyske Sangforeninger	1389	Mjølner	1360
Hilsen til Lund	1283	Napoleon	1301
Hopsa Galop	1143b	Nordisk Industriudstilling	1419

Nordisk Union	1079	Sorgenfri	1093
Nordiske Fostbrødre	1331	Spilop	1172
Novilla	1304	Stormmarsch	1328
Ny Jugendfeuer	1027	Sylphide	1012d
Nytaars	1100	Teater	1025f
Ornithobolaia	1072	Telegraf	1030
Paa Dansepladsen	1325i	The Fairy Queen	1102
Paa Sommerlyst	1390d	Thora	1160
Pandur	1007f	Tivoli Galopper	1025
Parforce	1224	Tivolis Rutschbane	1025a
Pegasus	1276	Tivoli Bazar	1041
Pergola	1082	Tre Galopader	1003
Petersborger Champagne	1142b	Tre Galopader el. Hopsvalse	1001
Petra	1417	Trompet	1007d
Petrine	1184	Variali	1255
Piper Champagne	1345	Ved Juletræet	1357d
Pluto	1265	Ved Pantomimen	1365d
Polichinells Tarantel	1237	Velocipede	1391
Postillon	1012b	Victoria	1233
Prins Carnevals Indtog	1235	Vilhelm	1322d
Prinsen af Wales	1338	Vinteren	1399d
Prinsesse	1004c	Zauber	1227
Prof. Bils Zauber	1227	Zigeuner	1012e
Prof. Mayers phantasmagoriske Farvespil	1213	Zitter	1018b
Raket	1007c		
Recreation	1010a	**Kvadrille**	
Reise	1012c	Donau Blumen	1040
Reunions	1063	Fest Quadrille	1011b
Rutschbane	1025a	Hühner Masken	1056
Rød Champagne	1180	Künstler-Carnevals	1084
Salon	1388	Künstler-Verein	1175
Salut for Aug. Bournonville	1394	Les Zouaves	1370
Salut	1153	Pariser	1169
Sanssouci	1093	Pariser Sommernacht	1169
Schlittenfahrt	1080	Skandinavisk	1401
Seiers	1010b	Sølvbryllupsfest	1379
Seks Tivoli Galopper	1025	Victoria	1282
Skydebane	1025c		
Slædefarten	1080		
Sommerhilsen	1197		

Lette Danse
med tekst

Bal-Bouquet	1348
Barndomsminder	1357
De fire Aarstider	1399
Dukkeballet	1374
En Børnefest i Tivoli	1365
En Dilettantforestilling	1420
En Forlovelse i Juleferien	1407
En Tur hinsides Sundet	1415
En Tur til Frederiksberg	1390
Juletræet	1335
Lille Ida og Dukken	1322
Skovturen	1382

Marsch

Araberne	1065
Christian IXs Honnørmarsch	1354
Dansk Borgervæbning	1098
En avant	1151
Entrée	1193
Fahnenwacht	1097
Feltmarsch	1347
Femte Juni Fest	1193
Festmarsch til Tivolis Koncertsal	1339
Frederik VIIs Honnørmarsch	1316
Hilsen til Tivolis Abonnenter	1411
Honneur	1354
Huldigungs	1178
Kong Carl XVs Honnørmarsch	1393
Kong Frederik VIIs Honnør	1316
Kong Georg Is Honnørmarsch	1342
Mac Mahon	1405
Mon Salut à St. Petersbourg	1098
Paa Øen. Marsch militaire	1325h
Roland	1168
Salut à nos amis	1380
Souvenir de Peterhof	1154
Storfyrst Alexander	1371
Sølvbryllup	1324a
Triumph	1166
Velkomsthilsen	1151

Polka

Adele	1257c
Adolphia	1344
Adolphine	1067
Agnes	1150
Alexandra	1028
Alice	1293
Amager	1105
Amager Nr. 2	1395
Amalie	1207
Amorin	1262
Ankomsten til Malmø	1415b
Anna	1135
Anna Nr. 2	1385
Augusta	1024
Augustas Erinnerungs	1203
Berliner	1167
Berliner Studenten	1055
Berliner Vauxhall	1383
Biondini	1333
Blanche	1269
Bobo	1249
Britta	1353
Bryllups	1194
Camilla	1341
Caroline	1201
Casino Polka (Horneman)	1069
Chez Mabille	1189
Chretien	1410
Christiane	1157
Dagmar	1375
Dania	1177
David	1159
Den 15. August	1363
Den Sidste	1423
Edle	1277
Elise	1099

Elof	1302	La Retraite	1366
Elvina	1020a	Laura	1403
Emilie	1115	Le Carneval de Paris	1037
Emma	1317	Leopoldine	1046
Erik	1306	Les Souvenirs de Paris	1035a
Flora	1121	Lilie	1086
Frederikke	1258	Louise	1311
Frederikke	1416	Lydia	1275
Første ekstra	1299	Læseprøven	1420b
Geburtstags	1229	Mabille	1189
Georgine	1205	Maria	1019c 1130
Godnat	1271	Marie	1422b
Grundlovsfest	1361	Markeds	1108
Hamburger	1173	Martsviol	1085
Hamburger Tonhalle	1111	Matus	1101
Hanspeter	1322b	Mester Erik	1327
Harlekins Narrehue	1236	Militær	1023
Harlequins Narrenkappen	1236	Mindeblad	1070
Hedchen	1300	Minerva	1266
Helene	1368	Minne	1170
Heliotrop	1348b	Mlle Blanche	1269
Helsning till Stockholm	1303	Nico	1359
Henriette	1187	Nicoline	1263
Herbstblumen	1245	Nina	1241
Hilda	1298	Nordische Studenten	1050
Hilsen til Gothenborg	1305	Nordisk Studenter	1050
Hilsen til Jylland	1067	Otto Allins Tromme	1355
Hilsen til Malmø	1284	Pariser Karneval	1037
Hilsen til Stockholm	1303	Pariser Mode	1031
Hos Beriderne	1365b	Pauline	1171
Høstblomsten	1245	Pepa	1268
I den zoologiske Have	1390b	Pepita	1285
Ida	1196	Peters	1145
Jenny	1131	Petersborgerinden	1142a
Jule	1099	Philippine	1128b
Julia	1335b	Polka af En Runde i Tivoli	1372c
Julie	1250	Polka af Polketta	1292a
Kronprins Frederik	1397	Polka i A (efterladt)	1422a
Køreturen	1407b	Polka i E	1423A
La Constance	1332	Prinsesse Lovisa	1392
La Lithuanienne	1028	Prinsesse Thyra	1408

Rosa	1155	**Polka Mazurka**	
Rosalie	1142c	Alexander	1148
Roselille	1181	Amoroso	1142e
Salut for Capri	1307	Ankomsten til Lund	1415c
Senora Ysabel Cuba	1308	Anna	1202
Silberne Hochzeit	1211	Augusta	1103
Soiréen	1357b	Balfeber	1128c
Sommeren	1399	Caroline	1104
Sophie	1139	Columbine	1330
Sophus	1225	Cora	1320
Sorgenfri	1382b	Danseøvelsen	1357c
Souvenir	1256	Deborah	1261
Souvenir de Hambourg	1256	Den Lyseblaa	1158
Studenter	1378	Efteraaret	1399c
Sympathie	1133	Elvira	1140
Sølvbryllups	1211	Eremitagen	1382c
Tamino	1147	Ernesta	1322c
Therese	1185	Glædelig Jul	1191
Thorups Koncert Salon	1244	Grille	1221
Tivoli Damp-Karusselbane	1032b	Helga	1350
Tivoli Carneval	1199	I Frederiksberg Have	1390c
To efterladte Polkaer	1422	Julie	1161
Tommeliden	1190a	Juliette	1335c
Tribune	1372d	Kathinka	1126
Tscherkessen	1108	Krinoline	1278
Tvillinge	1222	Lisette	1144c
Valdemar	1374b	Lucette	1144c
Vauxhall	1383	Maria	1374c
Veilchen	1085	Moller	1369
Venetiansk Tambour	1078	Nytaarsnat	1129
Victoria	1280	Paa Dansepladsen	1365c
Virginie	1404	Pjerrots Bluse	1238
Wally	1340	Polka Mazurka af Den sidste Nat	1234
Wilhelmine	1026	Polka Mazurka af Polketta	1292b
Zigzag	1144b	Rose	1348c
Zwilling	1222	Rosenborg	1107
		Tilgiv, min Herre	1146
		Toilet	1192
		Velkommen	1143a
		Victoria Bundsen	1356
		Viola	1106

Vals

Alberta	1228	Fortuna	1092
Alexandra	1337	Før Rejsen	1407a
Alhambra	1091	Georgine	1004d
Alster-Ruder-Klänge	1112	Gruss an die Heimat	1045
Altfor smuk	1248	Gusta paa Skovtur	1357a
Amalia	1123	Hesperus	1290
Amalie	1322a	Hilsen til Hjemmet	1045
Amanda	1114	Inclinations	1214
Amaryllis	1186	Invitationen	1365a
Amalie	1058	Isabella	1073
Amor und Psyche	1204	Johanna	1212
Anna	1257b	Johanne	1008c
Arabella	1125	Johanne Luise	1029
Azurine	1144a	Juleaften	1128a
Bellona	1015a	Kopenhagener Casino	1076
Blanca	1226	Kroll's Ballklänge	1054
Brude	1004b	Kronings	1013
Caroline	1009a	La Coquette	1183
Casino	1076	La Recreation	1117
Catharina	1279	La Reine du Bal	1120
Christa	1210	La Resignation	1033
Cæcilie	1174	Les Souvenirs de Paris	1035b
Dagmar	1362	Lisbeth	1132
Danmarks	1011c	Louise	1163
Den Fyrige	1122	Luna	1110
Der Günstling	1062	Maria	1230
Diana	1138	Maria Marianna	1156
Dronning Louise	1384	Mein Lebewohl an Berlin	1064
Elisa	1223	Nordlichte	1081
En Aften paa Dyrehavsbakken	1043	Nordlys	1081
Erinnerung an Berlin	1052	Overfarten	1415a
Erinnerung an Joh. Strauss	1134	Pariser Studenten	1059
Erinnerung an Wien	1039	Pomona	1198
Feberdrømme	1152	Prins Christian Carls	1406
Ferie	1335a	Recreations	1117
Fieberträume	1152	Regatta Fest	1112
Flora	1018a	Reseda	1348a
Fontaine	1048	Rosa	1149
For Gamle og Unge	1351	Rosa og Rosita	1412
Foraaret	1399a	Rosalie	1141
		Rosendalen	1118

159

Rosenthal	1118
Seraphine	1089
Serenade	1017a
Skotlands Rose	1217
Slots	1005a
Sophie	1142d
Souvenir de Jenny Lind	1053
Souvenir de Joh. Strauss	1134
Sylphide	1136
Sølvbryllups	1011a
Thalia	1007a
Thyra	1374a
Til den lille Prins Christian Carl	1406
Tivoli-Fest-Klänge	1071
Udturen	1382a 1390a
Undine	1195
Valget	1420a
Vals af Maritana	1083
Vals i A	1002c
Valsen af Ballet i Olympen	1309
Vemod	1033
Vigorosa	1122

Titler og tekstbegyndelser
Der henvises til katalognumre

Adelaide Galop	1349	Anna Polka	1135
Adele Polka	1257c	Anna Polka Nr. 2	1385
Adolphia Polka	1344	Anna Polka Mazurka	1202
Adolphine-Polka	1067	Anna Vals	1257b
Agnes-Polka	1150	Arabella Walzer	1125
Ak, ak, hvis de anede det	1272d	Araberne. Marsch	1065
Ak, hvem jeg er?	1318a	Arrangementsprøven. Mazurka	1420c
Ak, ved den første Morgen...	1234e	Atter vor Jul	1215
Alberta Walzer	1228	Augusta Galop	1020b
Alexander Galop	1374d	Augusta Polka	1024
Alexander Polka Mazurka	1148	Augusta Polka Mazurka	1103
Alexandra Polka	1028	Augustas Erinnerungs Polka	1203
Alexandra Vals	1337	Auktions Galop	1004e
Alhambra Vals	1091	Ausgewählte Tänze	1431
Alice Polka	1293	Azurine Vals	1144a
Alle de andre skal paa Bal	1322b		
Almavivas Sang	1318a	Bacchus Galopp	1206
Alster-Ruder-Klänge Walzer	1112	Baladine Galop	1137
Altfor smuk. Lystspil	1239	Balfeber. Polka Mazurka	1128c
Altfor smuk. Vals	1248	Ballet i Olympen	1309
Amager Polka	1105	Ballet i Trädgården. Galop	1415d
Amager Polka (Nr. 2)	1395	Ballfieber Polka Mazurka	1128c
Amagersang	1260a	Balon Galop	1009b
Amalia Walzer	1123	Bal-Bouquet	1348
Amalie Vals	1322a	Barberen i Sevilla	1318
Amalie Polka	1207	Barndomsminder	1357
Amanda Vals	1114	Bassen, der brummede	1374c
Amanden Walzer	1114	Beduiner Galop	1074
Amaryllis Walzer	1186	Bellona Galop	1119
Amelie Vals	1058	Bellona Vals	1015a
Amor und Psyche Walzer	1204	Beriderne paa Plænen	1325a
Amoretten Galopp	1124	Berliner Polka	1167
Amorin Polka	1262	Berliner Studenten Polka	1055
Amorosa Polka Mazurka	1142e	Berliner Vauxhall Polka	1383
Ankomsten til Malmø. Polka	1415b	Berthas Klaver. Vaudeville	1231
Ankomsten til Lund. P-M	1415c	Bertha, saa hør mig	1231e

Biondini Polka	1333	Cora. To Sange	1319
Blanca Walzer	1226	Cornet Galop	1005f
Blanche Polka	1269	Corsicaner Galop	1042
Blot et lille Kys endnu	1272	Cæcilie Vals	1174
Bobo Polka	1249		
Bolero af Maritana	1083	Da Gusta gik i Skole	1336a
Boreas Storm Galop	1144d	Da Gusta kom hjem	1336b
Bort fra Døren, Hansemand	1335b	Dagmar Polka	1375
Bouquet Royal Galop	1400	Dagmar Vals	1362
Bravo! Det var en rigtig	1326	Damon, min Damon	1231a
Britta Polka	1353	Dampen bruser, Klokken slaar	1357a
Brude Vals	1004b	Damp-Karusselbane Galop	1025b
Bryllups Polka	1194	Dania Polka	1177
Børneballet, hefte 3	1190	Danmarks Vals	1011c
Børnedanse	1440	Dansens milde Bølger hæve	1387
		Dansen. Tempo di Valse	1219c
Camelie Galop	1348d	Danse-Suite Nr. 1	1444
Camilla Polka	1341	Danseøvelsen. Polka Mazurka	1357
Carolina Skotsk Vals	1008b	Dansk Borgervæbnings Marsch	1098
Caroline Galop	1012a	David Polka	1159
Caroline Polka	1201	De fire Aarstider	1399
Caroline Polka Mazurka	1104	Deborah Polka Mazurka	1261
Caroline Vals	1009a	Den 15. August Polka	1363
Casino Polka af Horneman	1069	Den Femtenaarige	1215
Casino Vals	1076	Den Frivillige. Galop	1094
Castilianer Galop	1090	Den Fyrige. Vals	1122
Catharina Vals	1279	Den Lyseblaa. Polka Mazurka	1158
Champagner Galop	1044	Den sidste Nat	1234
Champagneskum Galop	1254	Den Sidste. Polka	1423
Charlotte Galop	1019b	Den unge Moder. Fantasi	1358
Charlotten Galopp	1164	Der Günstling. Walzer	1062
Chez Mabille Polka	1189	Der Traum des Savoyarden	1179
Chinesischer Glöckchen Galop	1176	Der Traum nach dem Balle	1313
Chretien Polka	1410	Des Künstlers Träume	1381
Christa Walzer	1210	Det grønne Hefte	1011c
Christian IXs Honnørmarsch	1354	Det lakker ad Dagen	1243b
Christiane Polka	1157	Det lille Bal	1441
Cirque de Loisset Galop	1373c	Det tapre danske Kavalleri	1352
Clara Hamborger Skotsk	1032a	Det var en Juleaften silde	1270
Columbine Polka Mazurka	1330	Diana Walzer	1138
Cora Polka Mazurka	1320	Dithyrambe af Ballet i Olympen	1310

Divertissement over Delepierre	1334	En lille Heks	1272
Doctor Galop	1005c	En Morgen paa Kullen	1243c
Donau Blumen Quadrille	1040	En Sommernat i Danmark	1036
Dragon Galopade	1002a	En Sommernat paa Møens Klint	1036
Dronning Louise Vals	1384	En Stemme herinde mig	1243d
Drømmebilleder. Fantasi	1057	En Tur hinsides Sundet	1415
Drømmen efter Ballet	1313	En Tur paa Dyrehavsbakken	1038
Drømmerier i Lejren	1387	En Tur til Frederiksberg	1390
Du drømmerige Lille	1231b	En Tur til Kullen	1243
Du, du, som med Kærlighedens	1240	En Vaarvise	1218
Du har saa ofte sagt mig	1219a	En Æblekone	1216
Dukkeballet	1374	End dvæler Solen	1243c
Du lille Lam paa Engen	1231c	Ensomhed	1270
Du spørger, min Dreng	1242	Entrée Marsch	1193
Du Søvnens Gud	1234a	Eremitagen. Polka Mazurka	1382c
Dyrehavsbakken. Galop	1382d	Erik Polka	1306
Döblers Zauber Galop	1014	Erindringer fra St. Petersborg	1142
Døsige, drømmende længe vi	1329	Erindring om Hjemmet	1367
		Erinnerung an Berlin	1052
Edle Polka	1277	Erinnerung an Joh. Strauss	1134
Efteraaret. Polka Mazurka	1399c	Erinnerung an Wien	1039
Efterladte Kompositioner	1422	Erklæringen	1219d
Eine Sommernacht in Dänemark	1036	Ernesta Polka Mazurka	1322c
Ekko fra Ballet. Dansescene	1314	Et Uhyre. Vaudeville	1421
Ekko fra Balsalen	1314		
Ekko-Sang af Paa Bjerget	1259	Fahnenwacht Marsch	1097
El Capriccio. Spansk Dans	1291	Fakkeldans	1396
Elisa Walzer	1223	Fanevagt Marsch	1097
Elise Polka	1099	Fantasien und Festmärsche	1430
Elof Polka	1302	Fantasier og Danse i Udvalg	1428
Elvina Polka	1020a	Farbenspiel Galop	1213
Elvira Polka Mazurka	1140	Farvel da, min Engel	1421e
Emilie Polka	1115	Fatter, hvis din Pige	1365a
Emma Polka	1317	Feberdrømme. Vals	1152
En Aften paa Dyrehavsbakken	1043	Felix Galop	1273
En avant. Marsch	1151	Feltmarsch	1347
En Børnefest i Tivoli	1365	Fem Galopper	1012
En Dilettantforestilling	1420	Femte Juni Festmarsch	1193
En Festaften paa Tivoli	1325	Ferie Vals	1335a
En Forlovelse i Juleferien	1407	Festdanse	1011
En Kanetur. Romance-Cyklus	1219	Festgalop	1324b

163

Festgalopp	1049	Galopade i E	1002b
Festgalop i A	1060	Galopade No. 9, 10, 11	1003
Fest Kvadrille	1011b	Galop militaire	1294
Festmarsch til Tivolis Koncertsal	1339	Geburtstags-Polka	1229
Fest-Tänze	1011	Generalprøven, Galop	1420d
Fieberträume Walzer	1152	Gensynsglæde, Galop	1364
Finalegalop til Livjægerne	1409	Georgine Polka	1205
Finalegalop af Napoli	1021	Georgine Vals	1004d
Fire Danse for Violin	1372	Glædelig Jul, Polka Mazurka	1191
Fire Hamborger Skotske	1008	Glædeligt Nytaar Galop	1128d
Fire Sange af A. R.	1252	Glædeshilsen til Slesvigerne	1315
Fiskerens Klage	1252d	Goddag, goddag, velkommen	1357b
Fiskerpigerne. Engelsk Dans	1297	Godnat Polka	1271
Fjernt fra Danmark	1323	Godt Humør	1182
Flora Polka	1121	Gondol Galop	1025d
Flora Vals	1008a	Gouvernør Galop	1005e
Folkeudgave, Kompositioner	1428	Gratulations Galop	1286
Fontaine Walzer	1048	Grille Polka Mazurka	1221
For Gamle og Unge, Vals	1351	Grundlovsfest Galop	1312
Foraaret, Vals	1399a	Grundlovsfest Polka	1361
Forglemmigej Galop	1288	Gruss an die Heimat, Walzer	1045
Fortuna Galop	1015b	Gud bevar's, hvad det er	1420d
Fortuna Walzer	1092	Gud hjælpe mig, hvad gør vi	1420b
Fra fjerne Syd sig Fuglen	1252a	Gusta paa Skovtur, Vals	1357a
Française	1004a		
Française i E	1016a	Hamborger Galop i E	1006
Frantz Galop	1335d	Hamborger Polka	1173
Frederik VIIs Honnørmarsch	1316	Hamborger Skotsk i D	1032c
Frederikke Polka	1258	Hamborger Vals i A	1015c
Frederikke Polka Nr. 2	1416	Hamborger Vals i E	1005b
Fremtid og Afstand	1166A	Hamborger Vals i E	1007e
Friederiken Galopp	1162	Hamborger Vals i E	1017c
Friedrich Wilhelm Galop	1281	Hamborger Vals i Fis	1007b
Frieriet. Mazurka	1407c	Hamburger Tonhalle Polka	1111
Frihedshymne	1329	Han til hende	1377a
Frischka. Ungarsk Nationaldans	1075	Hanspeter Polka	1322b
Frühlingsgrüsse Galop	1197	Harald Galop	1413
Før Rejsen. Vals	1407a	Harlekins Narrehue Polka	1236
Første Ekstra Polka	1299	Harlequins Narrenkappen Polka	1236
Første Gang, ak, du var	1377a	Hedchen Polka	1300
		Helene Galop	1287

Helene Polka	1368	Hør, Tonerne klinge	1239b
Helga Polka Mazurka	1350	Høstblomsten, Polka	1245
Heliotrop Polka	1348b		
Helsning till Stockholm	1303	I den zoologiske Have	1390b
Henriette Galop	1209	I Frederiksberg Have	1390c
Henriette Polka	1187	I Skumringen. Fantasi	1402
Herbstblumen Polka	1245	I Tyl og Mousselin	1374b
Hesperus Vals	1290	Ida, hvad er det jeg ser	1322c
Hilda Polka	1298	Ida Polka	1196
Hilsen til de jyske Sangforeninger	1389	Imellem os staar	1239a
		Inclinations Vals	1214
Hilsen til Gothenborg Polka	1305	Indiansk Krigsdans	1323
Hilsen til Hjemmet Vals	1045	Introductionsgalop	1005d
Hilsen til Jylland, Polka	1067	Invaliden. Sang	1246
Hilsen til Lund, Galop	1283	Invitationen. Vals	1365a
Hilsen til Malmø, Polka	1284	Isabella Walzer	1073
Hilsen til Stockholm, Polka	1303		
Hilsen til Tivolis Abonnenter	1411	Ja, De har Ret	1319b
Himlen er klar	1382a	Ja, ja, vogt Jer	1421b
Honneur-Marsch	1354	Jaleo	1291
Hopsa-Galop	1143b	Jeg har drømt mangen Gang	1377b
Hopsa-Vals i A	1020d	Jeg spiser hos min Moder	1274
Hopsa-Vals i D	1016b	Jeg var en lystig Ungersvend	1246
Hopsvalse	1001	Jenny Polka	1131
Hornpipe og Reel	1297	Johanna Walzer	1212
Hortensia Galop	1087	Johanne Luise Vals	1029
Hos Beriderne. Polka	1365b	Johanne Vals	1008c
Huldigungs-Marsch	1178	Jubel Galop	1009c
Hun er nu saadan, saadan	1421c	Judithe Galop	1017b
Hun til ham	1377b	Jul og Nytaar. Bal-Bouquet	1128
Hvad er det for en sælsom	1219c	Juleaften, Vals	1128a
Hvad er Livet uden Dans	1348c	Juleballet	1232
Hvermands Eje 16	1434	Juleballet, Galop	1407d
Hvor Juras nøgne Arme	1272b	Julefestgave	1257
Hvor klinger dejligt disse	1234c	Jule Galop	1190b
Hvorfor? Ja, ved jeg det?	1319a	Juletræet. Lette Danse 2	1335
Hühner-Masken-Quadrille	1056	Juletræet. To Sange	1260
Hyp, hyp, nu lille Lotte	1407b	Jule Polka	1099
Hør, atter nu klinger	1239c	Julia Polka	1335b
Hør, lille Far	1382b	Juliane Galop	1034
Hør nu, min lille Dukke	1336a	Julie Galop	1373

Julie Polka	1250	Lokomotiv Galop	1326
Julie Polka Mazurka	1161	Künstler Carnevals Quadrille	1084
Juliette Galop	1264	Künstler Verein Quadrille	1175
Juliette Polka Mazurka	1335c	Kærlighedsdrømme i Lejren	1386
		Kærligheds Gud paa Visiter	1274e
Kabyler Galop	1074	Københavns Jernbane	
Kanefarten, Galop	1080	Damp Galop	1077
Kannys Skotsk Vals	1008d	Køreturen, Polka	1407b
Kanonen Galop	1188		
Kastilianer Galop	1090	La Constance Polka	1332
Kathinka Polka Mazurka	1126	La Coquette. Sang	1240
Kehraus Galopp	1200	La Coquette. Walzer	1183
Kinesisk Klokke Galop	1176	La Lithuanienne	1028
Klokken, den ringer	1415a	La petite trompette Galop	1127
Kom, Dukke, du smaa	1374a	La Recreation Walzer	1117
Kom fra Stuens trange Bur	1399c	La Reine du Bal, Walzer	1120
Kom min bror, Studenten han	1415d	La Resignation, Walzer	1033
Kom nu Fritz og Anna	1407d	La Retraite, Polka	1366
Kom og sæt dig ned	1219d	La Tempete	1020c
Kom saa Børn og se vort Træ	1335c	La Ventana	1208
Kom, tag dit Sommerfuglenet	1399b	Laia, kom tag Shawlet paa	1243a
Koncert Polka for to Violiner	1424	Laschotts Zauber-Galop	1051
Koncert Salon Galop	1025e	Laura Polka	1403
Kong Carl XVs Honnørmarsch	1393	Laura, sig kan du kende	1382c
Kong Frederik VIIs		Le Carneval de Paris, Polka	1037
Honnørmarsch	1316	Leir-Galop	1004f
Kong Georg I's Honnørmarsch	1342	Leopoldine Polka	1046
Konservatoriet	1030	Les Souvenirs de Paris	1035
Kopenhagener Casino Walzer	1076	Les Zouaves, Galop	1296
Korsikaner Galop	1042	Les Zouaves Kvadrille	1370
Kosak Galop	1232	Lette Danse, 1-12	1439
Krigerens Drøm. Fantasi	1251	Liebesträume im Feldlager	1386
Krigssang	1095	Lilie Polka	1086
Krinoline Polka Mazurka	1278	Lille Ida og Dukken	1322
Krolls Ballklänge, Walzer	1054	Lille Signe, hvad er det	1335a
Kroningsvals	1013	Lille Søster Anna, kom	1399a
Kronprins Frederiks Galop	1376	Lisbeth Walzer	1132
Kronprins Frederik Polka	1397	Lisette Polka Mazurka	1144c
Kronprinsesse Lovisa Galop	1398	Livet skal nydes. Vise	1257a
Kunstnerdrømme. Fantasi	1381	Livjægerne paa Amager	1409
Kunstner Karnevals		Louise Polka	1311

Louise Skotsk	1017d	Maskaradedansebilleder	1235
Louisen Galopp	1113	Matus Polka	1101
Louisen Walzer	1163	Mazurka	1373a
Lucette Polka Mazurka	1144c	Mazurka i A	1019a
Luftens Datter	1144	Mein Lebewohl an Berlin	1064
Luftige Væsen, Sylphide	1234b	Melodiske Smaastykker	1343
Luk op, luk op	1216	Melodrama for Klaver	1274f
Lumbye-Album (1875)	1429	Men det er silde	1219e
Lumbye-Album 1-10	1427	Men saa hør dog et Ord	1421f
Lumbye-Album I-III	1435	Mester Eriks Polka	1327
Lumbye-Album (Aage Nielsen)	1438	Militair Galop	1047
Lumbye-Album (50Øres-Bibl.)	1432	Militærdans	1023
Lumbye-Album (Globus)	1433	Militærgalop	1294
Lumbye for Ungdommen	1437	Militær Polka	1023
Lumbye-Melodier (Hv. Eje)	1434	Millemor afsted paa Timen	1365d
Lumbye-Melodier for Violin	1442	Min Fod er mat	1252d
Luna Walzer	1110	Min nyeste Galop	1414
Lydia Polka	1275	Mindeblad Polka	1070
Længsel efter Ballet	1220	Mindeblomst Galop	1088
Længsel efter København	1252c	Minerva Polka	1266
Læseprøven. Polka	1420	Minne Polka	1170
		Mjølner Galop	1360
Mabille Polka	1189	Mlle Blanche Polka	1269
Mac Mahon Marsch	1405	Moller Polka Mazurka	1369
Magyaren Galopp	1109	Mon Salut à St. Petersbourg	1098
Manoeuvre Galop	1066	Musikalsk Dukke-Dialog	1336
Man ofrer paa os Guld	1274c	Musikalsk Frimureri. Fantasi	1267
Man ved jo, at Grunden	1421a	Musikalske Mindeblade	1397
Manøvregalop	1066		
Maria Polka	1019c	Naa, endelig kom jeg	1336b
Maria Polka	1130	Naa, endelig kom vi til	1365b
Maria Polka Mazurka	1374c	Naar Hornet lyder	1095
Maria Marianna Walzer	1156	Naar Stormen hviner	1252d
Maria Walzer	1230	Napoleon Galop	1301
Marie Polka	1422b	Napoli	1021
Marien Galopp	1165	Natten flyr	1348d
Maritana. Dansescene	1083	Nattergalen af E. Horneman	1096
Markeds Polka	1108	Nattergal, syng	1231f
Marseillaisen-Galopp	1116	Nebelbilder, Fantasie	1068
Martsviol Polka	1085	Nej, den Dansemester kære	1357c
Mary Galop	1165	Nej, det bliver som jeg har	1420a

Nej, fattig føler sig ingen	1259	Paa Øen. Marsch militaire	1325h
Nej se, de danse der	1348b	Pandur Galop	1007f
Nico Polka	1359	Parforce Galop	1224
Nicoline Polka	1263	Pariser Karneval Polka	1037
Nina Polka	1241	Pariser Mode Polka	1031
Nordische Studenten Polka	1050	Pariser Quadrille	1169
Nordisk Industriudstillings Galop	1419	Pariser Sommernacht Quadrille	1169
Nordisk Studenter Polka	1050	Pariser Studenten Vals	1059
Nordisk Union Galop	1079	Pas nu, Maren Amme	1390a
Nordiske Fostbrødre Galop	1331	Pauline Polka	1171
Nordlichte Walzer	1081	Pegasus Galop	1276
Nordlys Vals	1081	Pepa Polka	1268
Novilla Galop	1304	Pepita Polka	1285
Nu Farvel til Skolestuen	1407a	Pergola Galop	1082
Nu frygter jeg snart	1274a	Peters Polka	1145
Nu jeg haaber, at Enhver	1420c	Petersborger Champagne Galop	1142b
Nu lufter Zephyr blødelig	1218	Petersborgerinden Polka	1142a
Nu skal vi ha os en Svingom	1365c	Petra Galop	1417
Nu stander den smykkede	1272a	Petrine Galop	1184
Nye Danse 1. Maanedshefte	1015	Philippine Polka	1128b
Nye Danse 2. Maanedshefte	1016	Piper Champagne Galop	1345
Nye Danse 3. Maanedshefte	1017	Pierrots Bluse Polka Mazurka	1238
Nye Danse 4. Maanedshefte	1018	Pluto Galop	1265
Nye Danse 5. Maanedshefte	1019	Polichinells Tarantel Galop	1237
Nye Danse 6. Maanedshefte	1020	Polka af En Runde i Tivoli	1372c
Ny Jugendfeuer Galop	1027	Polka af Polketta	1292a
Nytaarsgalop	1100	Polka i A (efterladt)	1422a
Nytaarsnat Polka Mazurka	1129	Polka i E (Trubaduren)	1423A
		Polka Mazurka af	
O Gud, hvad er det?	1322d	Den sidste Nat	1234
O hvor her er Løjer	1382d	Polka Mazurka af Polketta	1292b
O hør, o hør, Musik	1390	Polketta. Pas de deux	1292
Ornithobolaia Galop	1072	Pomona Walzer	1198
Otto Allins Tromme Polka	1355	Postillon Galop	1212b
Overfarten. Vals	1415a	Potpourri af gamle og nye	
		Melodier	1418
Paa Amagerland, hvor sagte	1260a	Prindsesse Galop	1004c
Paa Dansepladsen, Galop	1325i	Prins Carnevals Indtogs Galop	1235
Paa Dansepladsen, Polka Maz.	1365c	Prins Christians Carls Vals	1406
Paa Kammeret, højt over	1247	Prinsen af Wales Galop	1338
Paa Sommerlyst, Galop	1390d	Prinsesse Lovisa Polka	1392

Prinsesse Thyra Polka	1408	Sangeren søger sin Elskede	1260b
Prof. Bils Zauber Galop	1227	Sanssouci Galop	1093
Prof. Mayers phantasmagoriske Farvespil	1213	Savoyardens Drøm	1179
		Schlittenfahrt Galopp	1080
		Schweitzerens Hjemkomst	1252b
Raket Galop	1007c	Seiers Galop	1010b
Rask Galoppen klinger	1374d	Seks Tivoli Galopper	1025
Recreations Galop	1010a	Seks yndede Danse	1004
Recreations Vals	1117	Sekstur for Violin	1372a
Regatta Fest Vals	1112	Sekstur i A for Violin	1253
Regnen strømmer fra Skyen	1220	Sekstur i D for Violin	1321
Rejse Galop i E	1012c	Senora Ysabel Cubas Polka	1308
Rejselyst	1252a	Seraphinen Walzer	1089
Rejsen ender, mjukast tjäner	1415c	Serenade Vals	1017a
Reseda Vals	1348a	Se der to adstadige Borgere	1274b
Reunions Galop	1063	Se, her er Slæden	1399d
Rheinlænder Polka	1372b	Se, lille Børn, hvor her	1390c
Roland Marsch	1168	Silberne Hochzeit Polka	1211
Romance af God rolig Nat	1166a	Skandinavisches Ballett	1401
Rosa og Rosita Vals	1412	Skandinavisk Kvadrille	1401
Rosa Polka	1155	Skotlands Rose, Vals	1217
Rosa Walzer	1149	Skotsk Vals i A	1008a
Rosalie Polka	1142c	Skotsk Vals i Fis	1008e
Rosalien Walzer	1141	Skovturen	1382
Rose Polka Mazurka	1348c	Skydebane Galop	1025c
Roselille Polka	1181	Skynd dig at faa Tøjet paa	1322a
Rosenborg Polka Mazruka	1107	Slotsvals	1005a
Rosendalen, Vals	1118	Slædefarten, Galop	1080
Rosenthal Walzer	1118	Soireen, Polka	1357b
Rosines Romance	1318b	Sommerdagen er saa varm	1260b
Rutschbane Galop	1025a	Sommeren, Polka	1399
Rød Champagne Galop	1180	Sommerhilsen Galop	1197
		Sophie Mazurka	1061
Saa straaler i Balsalens	1234f	Sophie, ofte bliver os	1274d
Salon Galop	1388	Sophie Polka	1139
Salut a nos amis Marsch	1380	Sophie Vals	1142d
Salut for Aug. Bournonville	1394	Sophus Polka	1225
Salut for Capri, Polka	1307	Sorgenfri Galop	1093
Salut Galop	1153	Sorgenfri Polka	1382b
Sang af 'Jens'	1346	Souvenir de Hambourg Polka	1256
Sang i 'For Alvor'	1146	Souvenir de Jenny Lind	1053

169

Souvenir de Joh. Strauss	1134	Tivoli Carneval Polka	1199
Souvenir de Peterhof Marsch	1154	Tivoli Damp Karusselbane P	1032b
Souvenir Polka	1256	Tivoli Fest-Klänge Walzer	1071
Spansk Dans	1291	Tivoli Galopper 1-6	1025
Spilop Galop	1172	Tivolis Rutschbane Galop	1025a
Stemmer i! Nu er Sangen fri	1310	To Danse	1010
Storfyrst Alexander Marsch	1371	To Danse i 'Børneballet'	1143
Storm Marsch Galop	1328	To Danse til Fr. Hammerich	1324
Studenter Polka	1378	To efterladte Polkaer	1422
Sylphide Galop	1012d	To Galopader og en Vals	1002
Sylphiden Walzer	1136	To Sange af Borch-Hertz	1377
Sympathie Polka	1133	To Sange i 'Juletræet'	1260
Sypigen	1247	Toilet Polka Mazurka	1192
Sølvbryllupsfest Kvadrille	1379	Tolv nye Danse for en Violin	1022
Sølvbryllups Marsch	1324a	Tolv nye yndede Danse Hf. 1	1005
Sølvbryllups Polka	1211	Tolv nye yndede Danse Hf. 2	1007
Sølvbryllups Vals	1011a	Tommeliden Polka	1190a
		Traumbilder. Fantasie	1057
Taagebilleder. Tonemaleri	1068	Tre Danse	1009
Tamino Polka	1147	Tre Danse for salonorkester	1443
Tante, svar, vil en kær	1348a	Tre Danse for Violin	1032
Tarantella neapolitana	1295	Tre Danse for Violin	1373
Teater Galop	1025f	Tre Galopader	1003
Telegraf Galop	1030	Tre Galopader el. Hopsvalse	1001
Terpsichore	1008-1010, 1014	Tribune Polka	1372d
Terpsichore. 11 Danse	1425	Triumph Marsch	1166
Thalia Vals	1007a	Trompet Galop	1007d
The Fairy Queen Galop	1102	Tscherkessen Polka	1108
Therese Polka	1185	Tvillinge Polka	1222
Thora Galop	1160		
Thorups Concert Salon Polka	1244	Udturen Vals	1382a
Thyra Vals	1374a	Udturen Vals	1390a
Til Bellevue	1219a	Udvalgte Compositioner	1426
Til Byen	1219e	Udvalgte Compositioner	1427
Til den lille Prins Christian Carl	1406	Udvalgte Danse for Violin:	
Til Helsingbrog	1243a	Hefte 1	1065
Til Helsingør	1243d	Hefte 5	1013
Til Julesangen klingende	1357d	Hefte 7	1032
Til Kullen	1243b	Hefte 8	1034
Tilgiv, min Herre	1146	Hefte 9	1035
Tivoli Bazar Galop	1041	Hefte 10	1060

Hefte 25	1253
Hefte 28	1321
Hefte 29	1372
Udvalgte Kompositioner	1426
Udvalgte Kompositioner	1427
Undine Walzer	1195
Vaaren smiler, Fuglen iler	1318b
Valdemar Polka	1374b
Valdemar Skotsk	1018c
Valget. Vals	1420a
Vals af Ballet i Olympen	1309
Vals af Maritana	1083
Vals i A	1002c
Var välkommen, kära bror	1415b
Variali Galop	1255
Vauxhall Polka	1383
Ved Bordet	1219b
Ved Juletræet, Galop	1357d
Ved Pantomimen, Galop	1365d
Veilchen Polka	1085
Velkommen derude fra	1219b
Velkommen, Polka Mazurka	1143a
Veklomsthilsen Marsch	1151
Velocipede Galop	1391
Vemod Vals	1033
Venetiansk Tambour Polka	1078
Venetiansk Tappenstreg	1078
Venner, vi med Glæde	1234d
Victoria Bundsen Polka Maz.	1356
Victoria Galop	1233
Victoria Polka	1280
Victoria Quadrille	1282
Vigorosa Walzer	1122
Vilhelm Galop	1322d
Vi mægte forgæves	1231d
Vinteren, Galop	1399d
Viola Polka Mazurka	1106
Violen	1242
Virginie Polka	1404
Vær nu forsigtig	1390b

Vær saa artig! Mange Tak	1421d
Vær velkommen, Fritz	1407c
Wally Polka	1340
Wilhelmine Polka	1026
Zauber Galopp	1227
Zigeuner Galop	1012e
Zigzag Polka	1144b
Zitter Galop	1018b
Zwilling Polka	1222

Personnavne

Alexander, russ. storfyrste 1371
(Alexander III)
Alexandra, prinsesse 1337
eng. dronning
Allin, Otto; musiker 1355
Andersen, H. C.; digter 1096
Augusta, prinsesse til Hessen 1024
Barriere, Th.; dramatiker 1231
Beaumarchais, P. A. C.; dramatiker 1318
Beethoven, L. v.; komponist 1001
Belling, Pepa de; danserinde 1268
Bierlich, Johanna (dedik) 1212
Bils, Adolph; artist 1227
Biondini, Enequist (dedik) 1333
Blanche, Mlle; buffosangerinde 1269
Bohlmann, G. C.; musikdirektør 1011
Borch-Hertz; litterat 1377
Bote & Bock, musikforlag 1381, 1386
Bournonville, Aug.; balletmester 1021, 1023, 1030, 1107, 1208, 1291, 1292, 1294, 1295, 1297, 1323, 1394, 1409
Bredal, I. F.; dirigent 1272
Bruun, Fru H. (dedik) 1300
Bundsen, Victoria 1356
Bøgh, Erik; forfatter 1310, 1326, 1327, 1421
Böhme, Joh. Aug. musikforlag 1233, 1235-1238, 1241, 1245, 1249, 1250, 1254
Carl XV, svensk konge 1393
Caroline, arveprinsesse 1004, 1211
Carstensen, Georg; Tivolis grundlægger 1030, 1059, 1069, 1078
Christian (Carl) prins
= kong Christian X 1406
Christian IX 1354, 1379

Cohen, Jul. musikforlag 1121, 1133, 1135, 1139, 1193, 1219, 1240, 1243, 1262
Coninck, A. L. C. de; forfatter 1318
Cranz, Aug. musikforlag 1044, 1051
Cuba, Ysabel; danserinde 1308
Decourcelle, Adrien; fr. forfatter 1234
Delepierre, Julia; violinist 1334, 1335
Delepierre, Juliette; violinist 1334, 1335
Faber, Peter; digter 1145
Fahrbach, Ph.; komponist 1075
Felumb, Sv. Chr.; kapelmester 1444
Ferdinand, arveprins 1211
Fjeldsted, Caroline; solodanser 1104
Flotow, F.; komponist 1325
Frederik VII 1066, 1316
Frederik VIII 1376, 1396, 1397, 1401
Gade, Niels W.; komponist 1101
Gandrup, Th.; forlægger 1215, 1216
Gebauer, Joh. Chr.; komponist 1101
Geissler, Cäcilie (dedik) 1174
Georg I, græsk konge 1342
Globus Verlag 1433
Glükstad, A. M.; litterat 1239, 1242, 1246, 1247, 1260, 1270
Greisen, Inga; musikpædagog 1437
Guillard, Leon; fr. forfatter 1234
Hammerich, Fr.; historiker 1324
Hansen, P.; digter 1387
Hartmann, J. P. E.; komponist 1101
Healey, søstrene Agnes
og Christine; balletdansere 1291, 1292, 1294, 1295, 1297
Heiberg, Johanne Luise;
skuespiller 1029
Hellmann, Frederikke (dedik) 1416

Herold, L. J. F.; komponist 1325
Holst, H. P.; digter 1319, 1323, 1346
Horneman, Emil; komponist 1078,
    1095, 1096, 1143, 1309
Jermin, N. de (dedik) 1359
Jespersen, Olfert; komponist 1011,
    1065, 1443
Kalliwoda, J. W.; komponist 1001
Kirchheiner, Kurt; musikforlægger 1424
Kuhlau, Fr.; komponist 1379
Leonard, Virginie (dedik) 1404
Lincke, A. F.; komponist 1193
Lind, Jenny; sangerinde 1053
Lorin, Jules; dramatiker 1231
Louise, dronning 1384
Lovisa, kronprinsesse 1396, 1398, 1401
Lumbye, Carl; komponist 1442
Lumbye, Georg; komponist 1442
Lumley, B.; eng. komponist 1190, 1217
Lunn, Sven; musikforsker 1044
Løvenskjold, H. S.; komponist 1101
Mayer, Prof.; artist 1213
Melbye, Alice (dedik) 1293
Melsing, J.; Tivolidirektør 1339
Michaëli, fru (dedik) 1311
Milde, C. D.; musikforlægger 1001
Moberger, fru H. (dedik) 1298
Moller, A. F.; kaptajn 1369
Morena, Carlo; ty. komponist 1433
Most, Thora (dedik) 1395
Møller, C. C.; komponist 1193
Møller, H. P.; forlægger 1182
Neumann, Sophus; skuespiller 1441
Nielsen, Aage; musiker 1438
Nielsen, Augusta; solodanser 1028, 1103
Oldehaver, Th.; Pianist 1193
Olsen, fru L. (dedik) 1403
Paget, grevinde (dedik) 1340
Petersen, Marie, f. Holst (dedik) 1422

Pönitz, Frantz; harpevirtuos 1335
Qvist, J. D. nodetrykker 1005, 1006, 1015
Rantzau, W.; visedigter 1382, 1390, 1399, 1415
Rasmussen, Helga (dedik) 1350
Ravnkilde, Niels; komponist 1101
Recke, Ad.; forfatter 1095, 1146, 1215, 1216, 1218, 1219, 1231, 1234, 1240, 1243, 1252, 1272, 1274, 1319, 1329, 1336, 1348, 1357, 1374
Rée, Anton; pianist 1101
Rée, Imm.; forlægger 1193, 1272
Rée, Imm.; musikforlægger 1414
Ring, Oluf; komponist 1424
Rongsted, C.; hofpianist 1101
Rosenblad, Maria (dedik) 1332
Rosenkilde, Ad.; skuespiller 1144
Rosenkilde, A. K.; skuespillerinde 1144
Rung, Henrik; komponist 1101
Schramm & Haring; musikforlag 1256
Schuberth & Co.; musikforlag 1012, 1044, 1086, 1093, 1097, 1167, 1168, 1169, 1170, 1173, 1401
Schütte, H. C. (dedik) 1083
Smidth, Betty (dedik) 1144
Strauss, Johan; komponist 1134
Striegler, Adolphia (dedik) 1344
Thestrup, E. (dedik) 1317
Thyra, prinsesse 1408
Timm, Rob. & Co. 1366
Verdi, G. 1423A
Wallin, P. Th. 1424
Willmers, Rud.; komponist 1101
Winther, Chr.; digter 1257, 1260
Wottschow, Anna (dedik) 1385

Stednavne
Ortsnamen

Amager	1105, 1260, 1395, 1409	Kullen	1243
Bellevue	1219	London	1036, 1042, 1044, 1053, 1057, 1058, 1063, 1189
Berlin	1055, 1064, 1167, 1366, 1381, 1383, 1386, 1433	Lund	1283, 1415
Capri	1307	Malmø	1284, 1415
Casino	1069, 1076, 1292, 1297, 1318, 1328, 1400, 1401	Møens Klint	1036
		Napoli	1021, 1295
Dyrehavsbakken	1038, 1043, 1382	Odense	1086
Eremitagen	1382	Paris	1035, 1037, 1169
Folketeatret	1234, 1239, 1274	Schweiz	1068
Frankrig	1380	Slesvig	1315
Frederiksberg	1390	Sorgenfri	1382
Grækenland	1342	Stockholm	1303
Göteborg	1305	St. Petersborg	1098, 1142
Hamburg	1111, 1256	Tivoli	1025, 1229, 1365
Helsingborg	1243	Ungarn	1075
Helsingør	1243	Venezia	1078
Jylland	1067, 1389	Wales	1338
Klampenborg	1059, 1098	Wien	1039

Danish Humanist Texts and Studies

Udgivet af Det kongelige Bibliotek ved
Erland Kolding Nielsen

Bind 1 Peter Allan Hansen:
A Bibliography of Danish Contributions to Classical Scholarship from the Sixteenth Century to 1970.
1977. 335 sider. Helbind.

Bind 2 Stephanus Johannis Stephanius:
Notæ Uberiores in Historiam Danicam Sazonis Grammatici. Sorø 1645.
Facsimile edition with an introduction by H. D. Schepelern.
1978. 362 sider. Helbind.

Bind 3 Hanne Trautner-Kromann:
Skjold og sværd. Jødisk polemik mod kristendommen og de kristne i Frankrig og Spanien fra 1100-1500.
1990. 236 sider. Disputats. *Udsolgt.*

Bind 4 Birgit Bjørnum & Klaus Møllerhøj:
Carl Nielsens Samling. Katalog over komponistens musikhåndskrifter i Det kongelige Bibliotek. / The Carl Nielsen Collection.
A Catalogue of the Composer's Musical Manuscripts in the Royal Libarary.
1992. 275 sider. Illustreret. Dansk-engelsk. Helbind.

Bind 5   Harald Ilsøe:
            Bogtrykkerne i Købehavn og deres virksomhed ca. 1600-1810.
            En biobliografisk håndbog med bidrag til bogproduktionens historie.
            Mit deutscher Zusammenfassung.
            1992. 306 sider. Illustreret. Med tysk resumé. Helbind.

Bind 6   Kirsten Dreyer *(udg.)*:
            Kamma Rahbeks brevveksling med Chr. Molbech.
            302 breve med indledning og noter ved Kirsten Dreyer.
            1993-94. Bind I-III. 940 sider. Helbind.

Bind 7   Ruth Bentzen *(udg.)*:
            Ung sprogforsker på rejse. Breve fra og til Holger Pedersen
            1892-1896. Med indledning og noter ved Ruth Bentzen.
            1994. 284 sider. Helbind.

Bind 8   Flemming Gorm Andersen:
            Danmark og Antikken 1980-1991. En bibliografi over 12 års dansk-
            sproget litteratur om den klassiske oldtid.
            1994. 308 sider. Helbind.

Bind 9   Bjarne Schartau:
            Codices Graeci Haunienses. Ein deskriptiver Katalog des griechischen
            Handschriftenbestandes der königlichen Bibliothek Kopenhagen.
            1994. 670 sider. Illustreret. Helbind.

Alle bøger kan anskaffes gennem boghandelen eller direkte fra
Museum Tusculanums Forlag, Njalsgade 92, 2300 København S.